卡內基

經典新版

認識你的敵人——憂慮

戴爾・卡內基／著

〔名人推薦〕

除了自由女神，卡內基或許就是美國的象徵。

——美國《時代周刊》

在出版史上，沒有任何一本書能像卡內基那樣持久地深入人心，也唯有卡內基的書，才能在他辭世半個世紀後，還占據著我們的排行榜。

——《紐約時報》

與我們應取得的成就相比，我們只不過是半醒著，我們只利用了身心資源的一部分。卡內基因為幫助職業人士開發他們蘊藏著的潛能，在成人教育中掀起了一種風靡全球的運動。

——威廉·詹姆斯（哈佛大學著名心理學教授）

由卡內基開創並倡導的個人成功學，已經成為這個時代有志青年邁向成功的階梯，通過它的傳播和教導，無數人明白了積極生活的意義，並由此改變了他們的命運。卡內基留給我們的不僅僅是幾本書和一所學校，其實真正價值是：他把個人成功的技巧傳授給了每一個想成功的年輕人。

——甘迺迪總統（一九六三年在卡內基逝世紀念會上的演講）

你真想將自己的生活改變的更好嗎？如果是，那麼本書可能是你們遇到的最好的書之一。

閱讀它，再閱讀它，然後開始行動。

——奧格·曼丁諾《世界上最偉大的推銷員》作者

《讀者文摘》推介：

本書對你有什麼影響？

1. 改變你陳舊的觀念，給你新的一頁，讓你耳目一新！
2. 使你交友迅速，廣受歡迎，易得知己。
3. 幫助你不畏困難，建立積極的人生觀。
4. 幫助你使人贊同你，喜歡你。
5. 增加你的聲望，和你成功事業的能力。
6. 使你獲得新的機會。
7. 增加你賺錢的能力。
8. 幫助你成為一個更好的推銷員或高級職員。
9. 幫助你應付抱怨，避免責難，使你與人相親相愛。
10. 使你成為一個更好的演說家，一個健談者。
11. 使你每日生活中，易於應付這些心理學上的原則。
12. 使得有你在的場合，便可激起人生的熱忱。

作者簡介

戴爾・卡內基，被譽為二十世紀人類最偉大的人生導師，也是成功學大師。卡內基於一八八八年十一月廿四日出生在美國密蘇里州的一個貧苦農民家庭，是一個樸實的農家子弟，他的童年和其他美國中西部農村的男孩子並沒有什麼不同，他幫父母幹雜事、擠牛奶，即使貧窮也不以為意。這或許是因為他根本不覺得自己家裡很貧窮。

在那個沒有農業機械的年代，他和父親同樣做著那些繁重的體力活，而一年的辛勞卻可能因為一場水災而付諸東流，或者被驕陽曬枯了，或者餵了蝗蟲。

卡內基眼見父親因為這些永無終止的操勞而備受折磨，發誓絕不拿自己的一生來和天氣賭每年收成到底是如何！

如果說卡內基的童年和其他農村男孩子有什麼不同的話，那主要是受到他母親的強烈影響。她是一名虔誠的教徒，在嫁給卡內基的父親之前曾當過教員。她鼓勵卡內基接受教育，她的夢想是讓兒子將來當一名傳教士或教師。

一九〇四年，卡內基高中畢業後就讀於密蘇里州華倫斯堡州立師範學院。他雖然得到全額獎學金，但由於家境的貧困，他還必須參加各種工作，以賺取必要的生活費用。這使他感到羞恥，養成了一種自卑的心理。因而，他想尋求出人頭地的捷徑。

在學校裡，具有特殊影響和名望的人，一類是棒球球員，一類是那些辯論和演講獲勝的人。他知道自己沒有運動員的才華，就決心在演講比賽上獲勝。他花了幾個月的時間練習演講，但一次又一次地失敗了。失敗帶給他的失望和灰心，甚至使他想到自殺。然而在第二年裡，他開始獲勝了。

當時，他的目標是得到學位和教員資格證書，好在家鄉的學校教書。但是，卡內基畢業後並沒有去教書。他前往國際函授學校總部所在地丹佛市，為該校做推銷員，薪水是一天兩美元，這筆收入可以支付他的房租和膳食，此外還有推銷的佣金。

儘管卡內基盡了最大的努力，但是並不太成功，於是又改而推銷肉類產品。為了這份工作，他一路上免費為一個牧場主人的馬匹餵水、餵食，搭這人的便車來到了奧馬哈市，當上了推銷員，週薪為十七點三一美元，比他父親一年的收入還要高。

雖然卡內基的推銷幹得很成功，成績由他那個區域內的第廿五名躍升為第一名，但他拒絕升任經理，而是帶著積攢下來的錢來到紐約，當了一名演員。

作為演員，卡內基唯一的演出是在話劇《馬戲團的包莉》中擔任一個角色。在這次話劇旅行演出一年之後，卡內基斷定自己走戲劇這行沒有前途，於是他又改回推銷的老本行，為一家汽車公司推銷汽車和卡車。

但做推銷員並不是卡內基的理想。在他從事汽車推銷時，他對自己的能力很懷疑。

有一天，一位老者想買車，卡內基又背誦了那套「車經」。老者淡淡地說：「無所謂，我還走得動，開車只不過是嘗新罷了，因為我年輕時曾夢想成為汽車設計師，那時還沒有汽車呢。」

老者的一番話，吸引了卡內基。他詳細地和老者聊起自己在公司的情況，後來他們的談話又轉到了人生的話題。卡內基講述了自己最近的煩惱：「那天凌晨，對看一盞孤燈，我對自己說：『我在做什麼，我的夢想是什麼，如果我想要成為作家，那為什麼不從事寫作呢？』您認為我的看法對嗎？」

「好孩子，非常棒！」老者的臉上露出輕鬆的笑容，繼而說：「你為什麼要為一個你不關心又不能付你高薪的公司賣命呢？你不是想賺大錢嗎？寫作，在今天也是個不錯的選擇呀！」

「不，老先生，放棄工作是不可能的，除非我有別的事可做。但是我能做什麼呢？我有什麼能力能讓自己滿意地賺錢和生活呢？」卡內基問。

老者說：「你的職業應該是能使你感興趣並發揮才能的，既然寫作很適合你，為什麼不試一試？」

這一句話讓卡內基茅塞頓開。那份埋藏在胸中奔湧已久的寫作激情，被老者的幾句話給激發了。於是，從那天起，卡內基決定換一種生活。他要當一位受人尊敬、受人愛戴的偉大作家。

一個偶然的機會，卡內基發現自己所在城市的青年會（ＹＭＣＡ）在招聘一名講授商務技巧的夜大老師，於是他前去應聘，並且被錄用了。

卡內基的公開演說課程，不僅包括了演說的歷史，還有演說的原理知識。除此之外，他還發明了一種獨特而非常有效的教學方式。

當他第一次為學員上課時，就直接點名讓學員談他們自己，向大家講述他們日常生活中發生的事。當一個學員說完以後，另一個學員接著站起來說，然後再讓其他學員站起來說。這樣，直到班上每一個學員都發表過簡短的談話。

卡內基後來說：「在不知道究竟該怎麼辦的情況下，我誤打誤撞，找到了幫助學員克服恐懼的最佳方法。」從此以後，卡內基這種鼓勵所有學員共同參與的教學方法，成為激發學員興趣和確保學員出席的最有效方法。雖然這種方法在當時尚無先例，也沒有什麼方法可以評定他這套方法的效果，但它確實奏效了，並且在全世界教出了許多更會說話且更有信心的人。

這一哲理的成功，可以從成千上萬名畢業學員寫來的信中得到證明。寫這些信的學員有工廠工人、家庭主婦、政界人士、公司負責人、教師及傳教士，他們的職業遍及了各行各業。

卡內基於一九五五年十一月一日去世，只差幾個星期便六十七歲。追悼會在森林山舉行，被葬在密蘇里州他父母親墓地的附近。

一九五五年十一月三日，華盛頓一家報紙刊載了下面這段文字——

「那些憤世嫉俗的人過去常常揣測，如果每個人都接受並且遵照卡內基的話語去做，那將會成什麼局面？卡內基先生在星期二去世了，他從來不屑於這些世故者的風涼話。他知道自己所做的事，而且做得極好。他在自己的書中和課程上，努力教導一般人克服無能的感覺，學會如何講話、如何為人處世。

「千百萬人受到他的影響，他的這些哲理如文明一樣古老，如『十誡』一般簡明，對於人們在這個狂亂的年代裡獲得快樂和成就極有幫助。」

卡內基

Dale Carnegie

目錄
Contents

第二部　獲得快樂的七個法則　97

第三部　幸福特效藥　149

卡內基

Dale Carnegie

目錄
Contents

經典新版

卡內基

認識你的敵人——憂慮

附錄

學會做個智慧女人 261

前言

你的敵人不再是憂鬱！

你老是莫名感到憂慮？在情緒低谷無法自拔？明明是小問題，卻老愛往最壞的地方想？不但把自己搞得痛不欲生，身旁的人也跟著無辜受累?!那麼，你恐怕也淪為憂鬱一族了。

根據聯合國世衛組織的統計，憂鬱症已經與癌症、愛滋病並列為新世紀三大疾病之一，而且人數不斷飆升，可見現代人深受憂鬱之苦到了無以復加的程度。

隨著網路及科技的發達，我們每天從手機、網路、媒體接收到排山倒海而來的訊息，幾乎要淹沒在其中，許多眾說紛紜的言論無時不刻在告訴我們不得不贏在起跑點，以為未來的人生做好規劃，不得不買保險以為以後老年做準備……，太多的「不得不」逼得你神經緊繃，焦慮不安，好像達不到標準就是失敗魯蛇，把人壓得喘不過氣來，更是懷疑起人生。

尤其越是高學歷、高社經地位的人，由於人際關係複雜，競爭環境激烈，得失也更為鮮明，使他們極易落入情緒憂鬱的惡性循環中。

人生總會面臨許多抉擇，到底是選這個還是選那個，常常讓我們陷入兩難，也因此憂心忡忡，整日忐忑不安，心神不定，一遇到挫折我們就驚惶失措，悔恨自責，長此以往，人也頹廢喪志。然而，事情真的有那麼糟嗎？

其實，會掉入憂鬱深淵，你才是始作俑者！其實，會掉入憂鬱深淵，你才是始作俑者！有時令你焦躁的只是桌上未清的雜物，該回沒回的電話、信件，找出讓你憂慮的原因，適時的斷捨離，卡內基在書中就告訴我們：不要只想「如果沒有明天」，應該要想「如果只有今天」！

人生沒有過不去的關卡，凡事樂觀以對，就充滿希望！他並以親身經歷以及數十個名人的案例教導人們如何排解憂慮、抵抗憂鬱。只要按照卡內基擺脫煩惱的神奇公式去做，你就能找出低潮的惡魔，趕走沮喪的陰影，不被負能量綁架，將憂慮拒於門外！

「第一部
認識你的敵人——憂慮」

1 人生最重要的就是「現在」

一八七一年春，有個年輕人看到一本書，偶然被一段文字深深吸引住，那對他的將來有莫大的影響。身為蒙特利綜合醫院實習醫生的他，為了畢業而面臨的問題，腦中盤旋著該選擇何種診療項目、畢業後到何處去較好、要如何開業、生活怎麼……等等煩惱。

該年輕人由於一八七一年偶而看見的那段文字，不但成為當時最有名的醫生，更創立了馳名世界的約翰霍普金斯醫學院，且榮獲牛津大學欽定醫學教授——英國的醫學人士被授與的最高榮譽——而名聲四揚。他榮獲英王所賜的爵士爵位，去世之後，有兩大本千餘頁的巨著專門介紹他的一生事蹟。

他就是威廉・奧斯勒。

他偶然看到的這段話，就是湯瑪斯・卡萊爾所說的：「不要去瞻望那些遙遠而模糊的事，去做你身邊的事就好了。」

四十二年後，在一個鬱金香盛開的暖和春夜，威廉・奧斯勒對耶魯大學學生演講：「身兼四所大學教授，著作亦博得好評的我，並非如一般人所想的是特別聰明的，以我最親密的朋友來說，我其實是『最平凡』的人。」

那麼，到底他成功的關鍵是什麼呢？他自稱他總是在「此刻」活得生氣蓬勃。

他的話是什麼意思呢？

在耶魯大學演講的數個月之前，奧斯勒搭乘豪華客輪橫渡大西洋。他看見船長邊喊「急轉」，邊按下電鈕，機械發出嘎啦嘎啦的聲響，轉瞬間船的每一區域都被關閉——為使水流不進來而劃分的。

這給他莫大的啟示，他對耶魯大學的學生說：

「諸位都是比這豪華客輪還要優秀的有機體，你們將有長程的遠行，起程之前，你應好好注意下列如何安全航海的方法。希望各位能調節自己，以便能夠在『今天這一天』這個密閉的房間裡生活下去。登上船，至少應檢查一下大防水壁是否隨時可以使用。在人生的每一階段裡，只要按下一個鈕，便能聽到隔壁『過去』——已經死亡的昨日。

「按另一個鈕，就能截斷『未來』——尚未誕生的明日——許多事情都是如此，只有今天是安全的！把過去推出去，關緊房門，讓已經死了的過去埋葬了吧……把那些愚蠢的、失敗的、已死亡的昨日趕出去，關牢房門……在昨日的重擔之上，再添加明日的重擔，即使是個強者也會舉步維艱、不勝負荷的。

「對各位來說，『未來』就是『今天』……『明天』並不存在……拯救人類的日子就在今天。一切精力的浪費、精神的不安、內心的痛苦，只糾纏著擔心未來的人……所以要把前面、後面的防水壁緊緊的關住，然後你必須養成一個習慣：在你『今天這一天之中』度過你的人生。」

奧斯勒博士是說我們沒有必要為明天準備嗎？不，絕非如此。博士在那次演講中說，為明天準備的最佳手段，是傾注諸君之所有智能及熱情，在今天完成今日之事！這才算是為明天鋪路。

奧斯勒博士以一句基督徒常用的祈禱詞，來勉勵耶魯大學學生：「請賜給我們『今日』所必需的衣食。」

要留心的是，這個禱告只有祈求「今日」的食物，並未抱怨昨天的老麵包，更沒祈求說：「我的神啊，生產糧食的地區乾涸了——這麼一來，『明年』秋天要怎麼做麵包呢？神哪！我該如何才能獲得麵包呢？」

更明確的說，這個禱告是教我們只要求今天的麵包，今天的麵包才是我們唯一能吃到的麵包。

很久以前，一位哲人巡迴演說於窮鄉僻壤，有一天，他面對群眾，說出了貫通古今，歷經九世紀仍被引用的哲語：

「不要煩惱明天的事，明天自有明天的安排，只要把全副精力用在今天就行了。」

許多人或許覺得這位哲人所說：「不要憂慮明天的事！」是難以實行的理想，他們說：

「我們不能不打算明天的事。為了保護自己的家人而不得不辦保險，亦不能不為老年存錢，不得不努力於出人頭地，不得不有所準備。」

我們是應該為明天而細心計畫、準備，但卻不應該擔心。

戰爭時，將領們都為明日謀劃，但是沒有餘暇去擔心。指揮美國海軍的厄耐斯特・金恩曾說：「我所能做的就是盡可能提供最好的武器及裝備，然後用於我認為最高明的作戰任務之中，僅僅如此，就必須竭盡全力了。」

他又說：「如果船艦被擊沉，便不能挽回，我寧可把時間用在有希望的事上，而不願浪費於無益的追悔上。」

不管是戰時或和平時代，積極與消極的分野就在這裡。積極性的思考，能夠看透因果關係，而往前邁進；消極性的觀念，則會陷人於緊張及神經衰弱。

我最近很榮幸地與舉世聞名的《紐約時報》經營者海斯・舒伯格談天。他說當第二次世界大戰橫掃歐洲時，他深陷焦慮中，對於未來十分惶恐，以致患了失眠症，屢次在深夜中跳下床，準備畫布及畫具，對著鏡子作自畫像。對繪畫，他是門外漢，但為驅逐心中的不安，竟動起畫筆了。若非偶然間看到一段話，他絕無法消除心中的焦慮，而重獲心靈的平安。

「現在」這一瞬間是一個特別的位置——消逝的過去與無限未來的分界點上。你無法在分界點之外生存，無論是悠長的過去，或是無盡的未來，即使只是一瞬間，你也無法自此刻逃出。因此你要認真地過活，也就是說，從現在開始到就寢之間你要活得很滿足。

史蒂文生曾說：「任何人都有能力承擔一天的壓力，不論這一天有多忙、多累，都可以熬得過去的。在太陽西下之前，不論誰都可以快快樂樂地、堅強地、親切地、真誠地活下去。這就是人生。」

的確，這可以說就是真實的人生，在今天要好好地生活。

猜猜這首詩的作者是誰？

多麼幸福的人！
那些把今天握在手裡的人們。
他們心境安詳，振臂高呼：
「明日啊！不管你將給我什麼考驗和打擊，
我都會好好活過今天的。」

或許很具現代感，但它是耶穌誕生前三十多年的一位羅馬詩人柯瑞斯所寫的——人性最大的悲哀在於只會憧憬地平線那端神奇的玫瑰花園；卻從未回過頭來看一看自家窗外正盛開著的玫瑰花。

底特律的愛德華·艾維斯先生若非及時覺醒，恐怕早就被憂慮擊潰了。從一個送報童開始，到雜貨店店員、圖書館助理，他節省微薄的薪金再加上五十五元的貸款，作第一筆生意投資，最後建立起令他自傲的年收入二萬美元的事業。

但不幸發生了，他為朋友的支票背書，而這位朋友卻破產了。「屋漏偏逢連夜雨」，他不僅變得身無分文，甚至又背了一萬六千元的債，他徹徹底底倒了下去，他追憶道——

我失眠、食慾不振，整個人像死了一樣，除了煩惱還是煩惱。有一天走在街上突然昏突倒在人行道上，癱在床上時，渾身冒汗。熱氣在體內擴散，痛苦不堪，日復一日衰弱下去，最後連醫生也宣告說只剩十幾天可活，我為此頓感眼前一片昏黑。便寫好遺言，回到床上，在無能為力的情況下等待死亡，不再憂慮、不復掙扎。而在這種壓力盡卸的情況下，心情竟輕鬆地睡著了，像個襁褓中的嬰孩般安然入睡。結果，食慾恢復，不再憔悴消瘦，體重也逐漸回升。

幾個禮拜後便能扶著枴杖走路，六週後回到工作崗位，於是便樂得做週薪三十美元的工作，那是賣外銷汽車車子的底盤。這個教訓使我不再追悔過去、恐懼未來，而把所有的時間、精力、幹勁完全傾注在工作上……

這種充滿幹勁的態度，使他再度奮起，數年後他成為艾維斯・普洛達克斯公司的董事長。搭飛機訪問格陵蘭時，飛機降落在以他的名字命名的艾維斯・費魯特機場。

他之所以得到如此的成功，關鍵在於他知道善加利用今天。

甚至法國哲學家蒙田也犯過這種錯誤。他說：

「我的一生充滿災難，然而其大部分並未真正發生，而是莫名的焦慮幻想使我困惑與茫然。」

最近我在湯瑪斯的農場度週末，看到他把一首讚美詩貼在書房的牆上：

今天是特別的一天

今日就讓我們盡情歡樂吧！

瓊萊斯金桌上擺著一個未經修飾的小石頭，上面刻著「今日」二字。我的桌上沒有擺小石頭，卻擺了一面每天刮鬍子必用的鏡子，上邊刻著一篇印度戲劇作家卡爾達沙的——向黎明致敬。

為今天努力前進吧！
因為這是最真實的存在。
這短暫的行程，
包含了你存在的真理及現實的一切——
生長的喜悅、行動的成果、成功的榮耀。
昨日只是一場夢，
明日虛幻不實，
努力為今日生活，

將所有的昨日轉換成幸福的夢，
將所有的明日幻化成希望。
所以，張開雙眼，迎向今日，
向每一個黎明歡呼！

因此，你要像奧斯勒所說——

「關閉昨日及未來的鐵門，好好活在今日。」

希望諸位自問一下：

1. 我對未來感到不安嗎？我憧憬水平線那端神奇的玫瑰花園嗎？我逃避現在的生活嗎？
2. 對過去的事——已成定局的事——還追悔不已嗎？
3. 早晨起床時你決心好好把握今天了嗎？
4. 是否「把握今天」而使人生更充實？
5. 預備何時開始實踐這個生活哲學？下禮拜？明天？……還是今天？

2 擺脫煩惱的神奇公式

威爾斯・卡瑞爾是開創空調產業的天才技師，現在是紐約卡瑞爾公司的老闆。下面這些話是我和技師同業會員們共進午餐時無意中聊到的。卡瑞爾先生說：

我年輕時，在紐約水牛鋼鐵廠做事，後來調到密蘇里州水晶城金屬工廠裝置瓦斯清潔設備。這種淨化裝置是用來去除瓦斯所產生的雜質以提高燃燒效率，並預防引擎的磨損。

在當時，這是一筆大生意，但這項淨化的新發明只被試驗過一次。不幸的是發生了意外的障礙，機器雖能動，但情況卻不如保證書所寫的那麼順利。

我覺得自己被打敗了，全然的失敗了！腦袋瓜就像狠狠地挨了一拳似的，腸胃都痛了起來，憂慮得夜夜失眠。最後我想通了，一味憂慮是無濟於事的，於是決定捨棄所有的不安，努力尋找具體的應對辦法。這一來，情形好轉了。

三十年來，我時時運用著這個「不安情緒消除法」，它是簡單可行的，由三個階段形成——

1.首先客觀地分析所面臨的困境，並預計最糟的情況。我頂多是被公司開除，再則就是老闆所投資出去的兩萬元將付諸流水。

2.既預測了最差的情況，就會做好面對它的心理準備。這一次失敗，是個經驗，可能因此丟了工作，但大不了再找呀，條件也許差了些，但總是個新開始……至於老闆呢？也有可能再研究發明新的淨化裝置，這二萬元的投資就當做是研究開發費也是值得的——預測了最差的狀況，反而能篤定。一旦遇到困境，便能冷靜沈著地應付。

3.將這個失敗當作是一個生命的轉機。冷靜地考慮使最糟的事轉好的對策，並努力集中精力應付。因此，我考慮怎樣才能把損失減至最少，多方實驗後，結論出如果能花五千元再添購另一項設備，就不會再發生故障。我立刻去試，結果賺回一萬五千元，使損失降為五千元。

如果當時我一直不斷煩憂，必然無法改善事情。深陷煩惱最大的壞處就是破壞一個人的意志集中力，使人心志動搖，決斷力消失。但如果我們強迫自己去面對最惡劣的事態，武裝心理，就能漸漸理出頭緒，好去解決問題。

而這個魔術公式為什麼會有如此的心理效果？而應用的範圍也如此廣呢？因為當我們煩惱時容易陷入盲目的狀態，而在其中摸索的我們可應用這個方法，幫我們從層層烏雲中解脫出來，而踏實地走在堅固的大地。然則，一旦你的腳跟不是踏在堅實的地面，你要如何調整你的腳步呢？

應用心理學之父威廉・詹姆斯已去世多年，但如果今日他還健在，聽到這種克服憂慮的實用法則之後，想必也會舉雙手贊同。為什麼我能如此確定？因為他曾對學生說：「**欣然接受已發生的不幸，正是踏出克服不幸的第一步。**」中國文學家**林語堂**也在其著作《生活的藝術》書中說道：「**即使是最壞的事情也要照單全收，這便是獲致內心平和的秘訣。**」

事實上也確是如此！因為我們一旦接受了最惡劣的事實，心情就能篤定，不再患得患失。威爾斯・卡瑞爾不也說：「因此，我十分沈著冷靜地使事情有了轉機。」這不是很容易理解嗎？然而難以數計的人們卻因憤怒、焦慮，以致混亂，而終於在自己的人生舞台上一蹶不振。追根究柢，就是沒有接受不幸事實的決心，因此只有惶惑與束手無策。苦戰的結果，就是成為憂鬱症的俘虜。

因此，如果你遇到讓你感到憂慮的問題時，就試試卡瑞爾提供的神奇妙方，來幫你渡過難關——

1. 自問：「所可能發生的最糟情形是什麼？」
2. 做好接受最糟情況的心理準備。
3. 接下來，冷靜謀劃策略以改善現況。

3 我不再憂慮

人們往往不知如何克服憂慮，而在它不斷攻擊下提早結束自己的生命。——安烈庫斯・卡雷魯

諾貝爾醫學獎得主柯爾瑞曾說：「窮於應付煩惱的商人，注定要早死。」其實一般家庭主婦、獸醫、製瓦工人也都是一樣的。

幾年前，我與一位醫生朋友騎腳踏車到德克薩斯和新墨西哥州旅行時，談及憂慮對一個人所可能產生的影響，他說：

「在就醫的病人中有七成是由於心理上的障礙，只要他們去除不安和憂慮，很快就會痊癒的，但卻沒有一個人認為他們的病是由於心理作祟所引起的。他們生病，當然是無可否認的，而且其痛苦或許還甚於牙痛、頭痛，因為它們往往會導致神經性消化不良、胃潰瘍、心臟病、失眠或偏頭痛等等。

這些病是真的會發生的，因為十二年來我本身正為胃潰瘍所折騰。不安的情緒導致焦慮，焦慮使精神緊張，因而刺激胃，使胃液分泌不正常，長久下去就變成了胃潰瘍。」

約瑟夫·馬坦格醫生曾說：「不是我們吃下去的食物讓我們患了胃潰瘍，而是情緒的因素支配了我們的身體，使我們在緊張焦慮中患了胃潰瘍。」

阿維力醫師也說：「胃潰瘍大多由情緒緊張所造成。」

這句話，從瑪雅臨床醫學中心的一萬五千個病例中得到證明。因為其中有五分之四原非由於身體機能所致，而是不安、煩惱、怨怒、憎恨、自私及無法適應現實生活……而引發胃病或胃潰瘍的。因胃潰瘍而死亡的例子並不稀奇，據《生活》雜誌的統計，胃潰瘍是第十位致死的病因。

最近我和瑪雅醫學中心的哈羅德·海本醫師聯絡。他在美國國內醫師會議上提出一篇對一百七十位企業家的研究報告。患者平均年齡只有四十四點三歲，而大部分的人都受到心臟病、消化系統疾病及高血壓的威脅。想想看，三分之一的企業家在尚未四十五歲時，就為心臟病、胃潰瘍和高血壓所折磨。為了飛黃騰達的地位卻賠上了如此高的代價！

然而，這就是成功嗎？如果一個人得到了全世界，卻賠上了自己的健康，又有什麼好處呢？就算擁有全世界，還不是一天三餐、只睡一個房間一張床？他不可能異乎常人。因此，即使一個販夫走卒，不也和大富翁一樣嗎？一日三餐、一天睡一個房間一張床，甚且他吃得比你還有味、睡得比你還香甜呢！坦白說，與其要我經營鐵路公司或菸草公司而在四十五歲就賠上了健康，倒不如讓我在阿拉巴馬州附近當個農夫來得愉快。

說到菸草，全球聞名的菸草公司老闆在加拿大森林區散步時，因心臟麻痺而暴斃。他是百萬富豪卻只活了五十一歲。只怕他是拿自己的生命換得事業的成功吧！

依我的看法，這個擁資億萬的菸草大王，其人生還遠不及我身為密蘇里州的農夫而身無分文，卻享年八十九歲的父親哩！

梅育醫學中心的醫生曾說，美國國內醫院半數的病床是為精神方面患者所占據，然而，利用高性能顯微鏡加以檢查，這些人的神經系統構造卻與常人無異。導致神經症狀並非由於生理上的失調，而是無助、不安、苦惱、恐怖、失敗、絕望等情感因素引起的。

哲學家柏拉圖也說：「醫生在治療患者時所犯的最大錯誤，就是不從心理方面著手，而只從身體方面下工夫。心理和身體本是一體兩面的，不應分開來醫治。」

醫學界花了兩千三百年終於證實、承認了這項真理。現在醫學界正積極倡導所謂的「身心醫學」，兼顧病人的身體與心理。我們確該如此，在醫學昌明下，醫生們已能嚴密控制以前那些威脅人命的疾病，如天花、霍亂……等，而挽救了無數人的生命。但他們對於精神疾病及心理因素所造成的疾病往往束手無策。而因此死亡的人數正直線上升中，危害日甚一日。

為什麼會精神異常呢？至今尚未找出真正的答案，但大體上恐懼和不安是主要的罪魁禍首。無法適應過於嚴苛的現實，而為不安的情緒侵噬的人，往往斷絕和周遭人們的關係，而獨自躲到一己編織的隱密的夢幻世界，他們就用這種逃避的態度來解決焦慮不安。

我的桌上放了一本愛德華・波多斯凱醫生所著的《停止焦慮》，以下是其章名的節錄——

1. 憂慮對心臟的影響

2. 憂慮惡化了高血壓
3. 憂慮引發了風濕
4. 憂慮對胃的傷害
5. 憂慮和感冒的因果關係
6. 憂慮和甲狀腺
7. 憂慮和糖尿病

另外還有一本有關人類焦慮的書《自找麻煩》，作者是醫界有名的梅育兄弟中的卡爾．梅林傑。書中揭示了驚人的事實——不安、不滿、憎恨、埋怨、反抗、恐怖等情緒，嚴重的破壞了我們的健康。

苦惱很不尋常的竟也能使頑強健康的人生病！

格蘭特將軍在南北戰爭結束時有了如此的體驗。當時部隊不斷有逃兵，所剩無幾的士兵則聚集在帳棚裡開祈禱會。他們又叫又哭又鬧、眼神呆滯，幾臨絕境。李將軍的部下放火燒棉花及菸草倉庫，並燒光兵器倉庫，而趁黑煙蔽空時逃出市街。格蘭特將軍率軍追擊。敵方騎兵隊斷了他的後路，破壞鐵路，掠奪補給的列車，陷他於困境。

強烈頭痛的格蘭特將軍遠遠落在部隊之後，於是倉皇落魄地求宿於農家，他在回憶錄中寫著：「那一整夜，我雙腳泡在芥末熱水中，並不斷用芥末敷頸後，心中不斷祈禱症狀能在次晨好轉。」

第二天早上，他一下子痊癒了。然而，治癒他的不是芥末，而是快馬加鞭帶來李將軍投降消息的使者。格蘭特將軍說：「騎兵來到我眼前時，我正頭痛欲裂，但是一聽這消息，整個身體便頓時硬朗了起來。」

顯然的，格蘭特將軍的病，是緣於緊張憂慮等的情緒因素，因此要從這方面來對症下藥。他之所以能馬上痊癒的道理也在這裡！

如果想知道煩惱對人類的傷害，不需要專程到圖書館去找資料或跑去請教醫師，你從本書就可以獲得解答。

在我目光所及的周遭，有人因憂慮而神經衰弱，也有人因而糖尿病，更有因股市的暴跌，而導致血糖或尿糖的升高⋯⋯

有名的法國哲學家蒙田，當選故鄉波爾多市長時，告訴他的選民：「我樂於以雙手來為各位服務，但並不打算把憂慮緊張造成的傷害帶進我的肝肺之中。」

世界級的關節醫學權威羅斯爾・西勒指出導致關節炎的四個原因——

1.婚姻生活的觸礁。

2.經濟拮据。

3.孤獨和苦惱。

4.宿仇積怨。

當然，這四種情緒狀況並不是導致關節炎的唯一原因。關節炎有許多種，導因也是名目繁多，但這四種卻是其中「最普遍」的因素。

憂慮也是造成蛀牙的原因。威廉醫生在美國牙醫學會做了以下的報告：「因煩惱、恐懼、牢騷等產生的不愉快情緒會使得鈣質的平衡遭到破壞，而形成蛀牙。」

他說，有個患者以前的牙齒非常健康但是他太太因急病入院三個禮拜，其間他的牙齒卻壞了九顆。這就是煩惱引起蛀牙的例子。

你一定看過甲狀腺機能異常亢奮的人吧，他們身體發抖、前後左右搖晃，好像快要死了似的。這全是因為調節身體狀況的甲狀腺失調而弄亂了生理步調的緣故，因此使得身體激烈顫抖，全身有如打開了所有的通風裝置的熔爐一樣烈焰熊熊，若無適當的控制和治療，會把一個人的生命毀掉。

前幾天，我和一個患了此症的朋友一起到費城去。我們拜訪了甲狀腺醫學權威布蘭姆醫生。會客室牆上一幅大匾額寫著他的一些生活警語。我利用等候的時間將它抄下：

——放鬆自己、娛樂自己——

平靜心情、養精蓄銳最有效的方法，
有健康的宗教信仰、睡眠、音樂和歡笑。
信仰神、足夠的睡眠、愛好美妙的音樂、面對人生詼諧快樂的一面。
如此，就可獲得健康與幸福。

醫生問我朋友：「為什麼把情緒弄成這種地步？」他警告，要是不從煩惱解放出來，說不定會併發心臟病、胃潰瘍、糖尿病，因為這些病是親戚、是兄弟。

拜訪女明星梅爾・白朗時，她說：「我堅決不焦慮，因為這會奪去一個電影明星最大的財產——美貌。所以我絕不讓自己陷入憂慮。當我決心在電影界闖出個名堂時，心中充滿恐懼和焦慮。我從遠方隻身來到倫敦，人生地不熟，卻想進入演藝界。我和好幾個導演見過面，卻沒有一個人肯用我，身上的錢也快用完了，兩個禮拜期間往往靠著椒鹽餅和開水維生。

我站在鏡子前仔細端詳自己，看到的是因焦慮而凹陷的臉頰、無神的雙目及憑添的皺紋，我再次警告自己說：『妳唯一值得驕傲的財產是自己的容貌，再這樣下去，妳就破產了！』」

中國古代戰場拷問俘虜時，總是將他們的手腳捆綁起來放在帆布水桶下，然後日夜不斷的水滴，滴答滴答的滴下來。如此，此起彼落的滴水聲最後變成鐵鎚的敲打聲，使人終於崩潰、發瘋。以前西班牙壓迫異教徒和希特勒時代的集中營也使用同樣的拷問法。

焦慮就像不間斷的水滴一樣，一點一滴的使人崩潰發狂而走上自殺之路。

當我仍是個密蘇里農村的小孩時，聽過牧師描述地獄的事，讓我深感恐懼，但他卻從未提及人世間所面臨的種種情緒上的痛苦。如果你終日受憂慮折磨，不久後你就會患上令人無法忍受的、苦不堪言的狹心症。

你想頌讚人生吧？想健康長壽嗎？艾克斯・卡羅醫生的話也許能幫你達到這個目標，他說：「在現代喧嚷的都市生活中而能保持心理平靜祥和的人，能免於精神性疾病。」

實際上你是如何呢？如果你是個健康者，你會肯定自己能保持心理的安寧。我們其實都比自己想像中來得堅強，我們都蘊藏從未使用過的內在精神資源。梭羅的不朽名著《湖濱散記》中說：「一個人可經由努力而提升自己的潛力，倘若我們有心朝著自己的夢想努力邁進的話，成功將會屬於你。」

當然，很多讀者可能都有和歐雅・賈文一樣堅強的意志，即使在非常悲慘的環境中，也能克服憂慮。我想強調的是，不管是誰都能夠！因此，我所提到的真理是自古已有的。

以下是歐雅・賈文告訴我的故事：

八年半前，我被宣判死刑——罹患癌症，就連我國醫學最高權威梅育兄弟也判定如此。我惶然無助，死亡正在一步一步逼近。我還年輕，應是前景無限，因此不甘心這般早逝，絕望中瘋狂地打電話給我的主治醫師，告訴他我無力承受絕望的無助。

醫師帶著嚴厲的語氣責備我：「什麼事呀！歐雅，你已經沒有奮鬥的勇氣了嗎？你這樣一味哭，是只有戰敗了。誠然，這是個很糟的狀況，但正因為如此，你更要好好面對現實。別再讓憂慮折騰你，努力去克服才是。」

聽了後，我馬上發起非常鄭重的誓言，我狠狠的咬住牙，連指甲都快陷入肉裡：「我絕不再憂慮，沒什麼值得哭的，我要戰鬥，我要活下去！」

病情已經惡化到無法用鐳射線來治療的地步。通常使用X光照射量，一天為十分鐘三十秒，以三十天為一期。至於我的情形則是一天十四分三十秒，得持續照射四十九天之久。如此下來，我已被折磨得皮包骨，兩腳鉛一般的重，但是我絕不呻吟、哭泣。而堅持以笑迎人，因此我總勉強自己微笑。

我當然不至於天真到認為以笑臉可以治好癌症，但我相信鼓舞自己的朝氣和活力，有助於和病魔對抗。確實我也親身體驗了一段奇蹟。數年來，我一直很健康，感謝醫生給我的那番話：「面對現實，停止憂慮，努力去克服。」

在本章結束之前，我想再重述一次前頭提到的話：「人們往往對憂慮束手無策，在它層層的攻擊下而提早結束了自己的生命。」

伊斯蘭狂熱的信徒，據說都將可蘭經刺青在自己的胸前。你是否也想把這句「對憂慮束手無策的商人，注定要早死」的話，紋在自己的胸前呢？

摘要 了解憂慮的本質

◎想要免於煩惱，就照著威廉·奧斯勒所說的去實行：

「今日事今日愁，明日事不憂。」只活在今天，不去憂愁明日的事。

◎山窮水盡、陷入苦境的時候，試試威爾斯·卡瑞爾的神奇公式：

1. 自問「面對的這個問題所可能引發的最糟的情況是什麼？」
2. 做好面對最惡劣情況的心理準備。
3. 之後，冷靜思考應付的對策，以扭轉劣勢。

◎要牢記憂慮將使你付出的代價——健康。

「人們往往對憂慮束手無策，在它層層的攻擊下而提早結束了生命。」

4 憂慮的分析及消除

那麼，到底該如何呢？應付諸多的煩惱非有各種周全的準備不可。所以，首先我們要學著把問題分析成三個階段。所謂三個階段是：一、面對事實。二、事實的分析。三、決斷——然後實行。

這是很切實的。想解決惱人的問題，就非得用這個方法不可。

先看第一步驟：**面對事實**。何以面對事實這麼重要呢？因為除非我們對問題有充分約了解，否則就無法找出妥當的對策，而徒自困擾罷了。這絕非是我的新發現，而是哥倫比亞大學的訓導長哈佛特‧豪克二十二年來所主張的。他伸出援手幫助了不下二十萬的學生解決了他們的憂慮。

他曾對我說：「**混亂正是憂慮的第一個理由**。」他進一步說明：「煩惱大半是由於對問題缺乏真確的了解而遽下判斷。例如，下禮拜二下午三點我有事情要處理，於是在下禮拜二之前，我絕不對那事做任何決斷，而致力於蒐集和那件事有關的所有資料，不浪費精力為那事煩惱，因此絕不會吃不下睡不著。在星期二來臨時，已能掌握事實的來龍去脈，問題自然而然就迎刃而解了。」

我問他是否因此而真正消除煩惱了，他回答：「正是如此，我很肯定。任何人如果能夠將憂慮的功夫用在蒐集資料、客觀的分析問題上，憂慮自然能夠消除。這是我想一再強調的。」

然而，大多數的人又是如何呢？一旦我們碰到難題，就只會去看問題的某一面，只期望一切符合自己的意願，在偏見下往往做了錯誤的判斷及行動。

安德雷・摩洛說：「符合我們個人願望的事，會被當成合理的事實，此外其他的事，則往往會激怒我們！」

那麼，該如何處理才得當？於思考中應該摒棄情緒的左右，正如豪克訓導長所說的：「以不偏不倚、客觀的態度去尋求解答。」

但這並不是件容易的事，因為煩惱正是情緒作用的高漲。

這兒有兩個方法可以幫助我們以客觀公平的態度來分析事實：

一、想要把握住事實的真相，一定要有並非為自己，而是為他人蒐集資料的態度，真正客觀而冷靜的處理事情。

二、當我在搜集資料時，會假設自己是一個律師，正在為我的案子蒐集證據以資辯駁。換句話說，我會設法找出自己的弱點，攻擊自己的漏洞，以使準備工作趨於周詳而建立堅強的憑據。

然後，我就把事情的正、反兩面都寫下來，在一般情形下，你會發現：真理、答案往往是介乎兩個極端之間的。

在這裡我想特別強調的是：不論你、我、愛因斯坦或是美國最高法院，任誰也無法神通廣大到能在缺乏資料、不了解問題的情況下，做出任何明智的決策。

所以，解決問題的第一個原則就是：**接受事實**。

讓我們記住豪克訓導長的話：在沒有以客觀的態度蒐集到問題的相關資料以前，不要試著做出解決問題的任何方案。

然而，單單是接納事實，並不足以解決問題，同時還要透過分析、解釋，才能產生建設性的功能。

我從許多寶貴的經驗中得到一個結論，就是將所有的意見列在紙上，較能一目瞭然以利分析；事實上，雖然只是將問題客觀地列在紙上，卻能導引我們走向正確的方向，就像查爾斯·凱特林所說：「一個陳述詳實的問題，本身就已經解決了一半啊！」

總之，依下列四個步驟，可消除九成的煩惱——

一、詳細記錄煩惱的事。

二、再記錄自己所能採取的對策。

三、決定該怎麼做。

四、立刻實行你的決定。

蓋倫·理查佛爾德是有史以來最傑出的駐亞洲美國商人，他也坦誠的對我說，分析問題、克服憂慮的能力是促使他事業成功的最大因素。

為什麼他的方法這麼神奇？因為它具體、有效率，能針對問題的核心以收一針見血之效。事實上，這個方法的重點還是在「採取具體行動」。如果我們只是探索事實、分析事實，卻不知行動，那麼，這一切空談便只有徒然浪費精力罷了。

威廉・詹姆斯就說：「一旦做出最後的決策，就應立即毅然付諸行動，而不要瞻前顧後、畏首畏尾的。」意思是：既然經過事實證據做出了決定，就要勇於實行，不要出爾反爾、猶疑不決，更不要因為心理作祟而招致別人的懷疑與好奇。

我曾拜訪過奧克拉荷馬州聞名的石油業者瓦特・菲力浦，請教他如何具體的完成自己的決策，他說：

「我發現過分的考慮與謹慎反使情況混亂，造成無謂的煩惱與憂慮。所以，一旦做好決定，就要毅然行動，別再瞻前顧後的。」

你現在有煩惱嗎？何不立刻應用以下所提供的神奇方法解決呢？

第一個問題——我到底在憂慮些什麼？

第二個問題——我能採取那些對策？

第三個問題——在各種可能方案中，我決定採取那一種？

第四個問題——我什麼時候開始付諸行動？

5事業上的憂慮

如果你是一個生意人，看了這個章名一定會嘀咕：「這實在太荒謬了！我吃這行飯都這麼久了，別人想得到的，我老早就知道了，還要別人來教我怎麼克服工作上的煩惱，真是天大的笑話！」當然，這是正常的反應——如果是幾年前的我看到這個標題，必定也會這麼想。

事實上，我當然無法為你承擔憂慮，也沒有任何人可以替代你，但是，我想告訴你的是，看看別人如何面對憂慮，如何克服憂慮。當然，最後的「為」與「不為」就完全看你自己了。

還記得曾經提過的話嗎？——「人們往往不知如何克服憂慮，在它的層層攻擊下而提早結束了自己的生命。」

既然憂慮具有這麼大的殺傷力，那麼，如果我樂意幫你克服憂慮的侵蝕，你一定會接受我的好意的，是不是？現在就來看看一個人如何在複雜惱人的會議中，抵制憂慮的來襲，這招不只可以使他所面臨的憂慮減半，甚至能夠化解他百分之七十的憂慮。

以下是雷歐席姆金的親身經歷。他擔任一流出版社的要職——

十五年來，我幾乎將上班的大部分時間花費在會議及討論問題上——這麼做？還是那麼做？還是算了呢？——總是緊張焦煩，在辦公室裡踱來踱去，不得要領。到了晚上已是疲累不堪。十五年來，我就一直這樣兜圈子而找不出其他更好的方法。

直到有一天有個人向我透露節省煩人的會議所浪費的四分之三的時間及減輕內心憂慮的方法。我試了那方法，竟然真的有效。八年來我一直謹守這個方法、原則，不但工作效率提升了，也從此過著健康幸福的生活。

看起來像在變魔術一樣，其實和魔術一樣，戲法拆穿了就沒什麼。那麼，讓我們來拆穿它的底細吧！首先，我廢掉十五年來例行的會議程序，聽取神情憂慮的職員們鉅細靡遺的報告之後，以「沒有什麼好對策了嗎？」這句話來結束這個步驟。接著，訂定新規則——任何向我提出問題的人，須先回答下面四個問題——

一、你的問題在那裡？（以往我們總是沒有具體把握住問題的核心，而持續爭論達一、兩個鐘頭，一味浪費精力在爭執上。）

二、造成問題的原因是什麼？（至此回顧一下，發現以往我們總是沒有追根究柢的弄明白問題的癥結，而只是徒然浪費時間在兜圈子上。）

三、有那些解決的對策？（以往若有人提出解決的方案，便馬上有人加以反駁、批評，會場一片火藥味，活像一場辯論比賽，終於沒有做出任何解決問題的結論。）

四、你所建議的解決方案是那一個？（以前所謂的會議，都只是消耗時間，使事態膠著罷了，對於問題根本沒有提出任何具體可行的辦法，也不謀任何改善，更沒有人在紙上寫下其所建議的方案。）

現在，已經沒有職員再帶著他們自己的問題來煩我了。為什麼呢？因為他們已經能夠針對上述的四個問題，加以蒐集種種有關的資料來對問題加以檢討，自然使問題迎刃而解。

因此，就沒有必要再找我商討了。就像麵包從烤麵包機出來那般自然地解決了問題，即使還有商量的必要，時間也縮短成原來的三分之一，而商量也能循序漸進，議論也能得其要領地迅速得出結論。

現在，我們已經很少把時間浪費在辯論與憂慮上，而是利用在行動上以達成正確的目標與理想。

法蘭克・貝德卡是美國保險業界的名人，他也運用同樣的方法來減少工作上的煩惱，且為自己增加兩倍的收入。他說——

幾年前，我滿腔熱情地踏進保險業，但是後來發生了一些事，使我在灰心氣餒之餘，甚至想轉業。要不是某一個週日早上心中產生了擺脫煩惱的念頭，現在我可能已經改行了。

1.首先我問自己：「到底有什麼問題、煩惱？」問題是：即使累得兩腿發痠，收入卻沒有跟著增加。自己也想好好幹，但還是沒有辦法使客人訂契約。客人總是說：「先生，讓我再考慮看看，如果決定了再通知你。」雖然失望，卻也沒辦法，就這樣常常白跑一趟。

2.自問：「難道沒有任何對策了嗎？」想回答這個問題，必須對事情的真相有更進一步的了解，於是我將自己過去一年的記錄拿出來，追蹤上面所記的各種數字。我赫然發現，契約中有七成是初次拜訪訂立的，見過兩次面幾經波折努力完成合同的則佔百分之二十三；而拜訪過三次、四次、五次煞費周章才達成合同的只不過佔百分之七。換言之，契約當中僅僅佔百分之七的一小部分，卻浪費了我大半的工作時間。

3.「該採取何種對策？」答案非常明顯，就是不做超過兩次以上的訪問，而利用那個時間來尋找新的顧客。結果真是令人吃驚，短短的時間內，我的收入隨著業績直線上升。

誠如前述，法蘭克•貝德卡是美國保險界頂尖的推銷員。但是，他也曾有過被迫要轉業的遭遇，好在他在放棄之前能理智分析問題所在，終能化險為夷。

你工作上的煩惱，不也適用這個方法來解決嗎?我敢保證，只要你採用這個方法，必能減少煩惱。希望各位再複習一次——

一、問題的癥結是什麼？
二、造成問題的原因是什麼？
三、有哪些解決之道？
四、你欲採行對策為何？

分析煩惱的方法——

1. 掌握事實。牢記哥倫比亞大學豪克訓導長所說：「世上有一半以上的憂慮是因為人們對事實還沒充分了解就遽下判斷所造成的。」
2. 慎重反覆的分析檢討所有事實之後再訂決策。
3. 一旦慎重做出決定後，即付諸行動，不要再畏首畏尾、猶豫不決。
4. 當有煩惱時，試著用筆寫出下列問題的答案：
（1）問題的癥結為何？
（2）造成問題的原因何在？
（3）解決對策有哪些？
（4）所欲採納的對策為何？

6 趕走心中的煩惱

我忘不了數年前某一個晚上，我班上學員道格拉斯親身經歷的兩樁家庭悲劇：第一次是他失去了最摯愛的五歲稚女，這對他和太太無異是晴天霹靂。很不幸的，十個月之後，他們的次女在出生五天後就病逝。

連續遭受兩次失去愛女的打擊，哪能維持平靜的心情呀？這位父親說：「我無法接受這個事實，吃不下、睡不著、神經衰弱，對生活沒有一絲信心。」最後他只好去看醫生。有開藥給他的，有建議他去旅行的。兩種方法他都試過了，卻還是沒有效。「我的身體像被虎頭鉗鉗得緊緊的，胸部鬱悶不堪。」如果你有過這種茫然若失的經驗，你就能體會他的心境！

但是感謝上帝，祂還留給我一個四歲的兒子。他激起我走出煩惱，重新生活的意志。

一天下午，我意志消沈地坐在椅子上，這個孩子對我說：「爸爸，幫我做一艘船嘛……」當時別說做船，做其他的事也都提不起勁。但兒子的要求又不能拒絕，不得已只好幫他做了。

做艘玩具船竟然耗費三個鐘頭。在作品即將完成的同時，我注意到了一件事——做玩具船的這三個鐘頭是我數月以來首次超脫憂慮、享受心境安謐的一段時光。

由於這個發現，使我從幾個月來的恍惚狀態中恢復過來，恢復冷靜思考的能力。我了解了在哀傷中要一邊用腦力策畫工作是不可能的。這次經驗讓我知道，專心一意為兒子做玩具可以把哀傷丟在一旁。於是，我決定無論何時都要讓自己很忙碌。

第二天晚上，我環顧家裡每個房間，並列表記下我該做的事。書架、樓梯板、防風台、百葉窗、門把、漏水的水龍頭……等很多地方都需要修理。很不可思議的，兩個禮拜之間，我居然列出了二百四十二個須修護的地方。

近兩年來，我已陸續將其修復，使生活充滿朝氣活力。另外，每個禮拜我還去上兩次紐約的成人教育班，還參加了社區裡的各項活動。目前我是學校家長會主席，要出席種種會議，此外也著手幫忙紅十字會或其他事業的募款活動……在這麼忙碌的日子裡，我連煩惱的時間都沒有了。

沒有空煩惱，這正是大戰時期一天要工作達十八小時的邱吉爾的寫照。當別人問他身負如此重任難道不會頭痛煩惱時，他爽快地回答：「我太忙了，忙得沒有時間去煩惱！」

偉大的科學家巴斯葛說過：「唯有在圖書館和研究室，心中才能真正的寧靜。」為什麼在那裡心情會如此閒適呢？因為在圖書館或實驗室的人大多埋首於研究，根本沒有空煩惱，所以研究者幾乎沒有患神經衰弱的。對他們來說，他們沒有可以浪費的一秒鐘。

為什麼置身於忙碌中就能去除不安的情緒呢？因為有一條最簡單的心理學法則告訴我們——一心不能二用——你無法同時思考兩件事。

首先，靠著椅背坐著閉上眼睛，同時想起「自由女神」和明天早上你預定要做的事。（**你可以繼續下去，讓實驗的時間長一點！**）如何呢？是不是無法同時思考兩件事，而只能一個一個的輪流出現腦海中。

同樣的，在情緒方面也是如此。興致勃勃彷彿置身夢中與意志消沈無法同時並存於我們心中。一種情緒會驅逐另一種情緒。把這個單純的法則應用在軍隊中，常能帶來意外的結果。軍官們身經百戰的衝擊，常患有精神方面的疾病，而軍醫們的處方都是：「只要忙碌一點，便沒事了！」

對這些精神失常的人們而言，醒著時就要不斷活動，主要的有釣魚、狩獵、打球、攝影、園藝、舞蹈等戶外活動，不容他們有時間去想起那些可怕的經歷，這就是一種治療法。

所謂的「工作療法」是精神分析醫生使用的專有名詞。他們認為勞動和藥劑有同樣的療效。然而，這並不是新的發現，早在西元前五百年古希臘的醫生們就有這樣的主張了。

大部分的人在繁忙的工作時間內不易受到情緒的干擾，但在下班後，就很危險了。這個時候應該是盡情享受休閒的幸福時刻；然而，正是這個時刻，憂鬱會來敲門，使你開始疑慮叢生——生活不應該是這樣的啊、老闆今天說的話是否別有用意、自己近來好像愈來愈沒有魅力了……

人一得空，心就呈現真空狀態。學物理的人都知道，自然不喜歡真空。

我們觸目所及最接近真空狀態的要算是自熱電球的內部。我們將電球加以切割，以自然的力量送入空氣，球內就充滿了理論性的真空。

心靈也一樣，通常是充滿情緒，如煩惱、恐懼、憎恨、嫉妒、羨慕等，這些是相當粗暴的，往往把內心的愉快情緒驅逐得無影無蹤。

哥倫比亞大學教育系教授詹姆斯・馬歇爾巧妙的說明了這件事：

「煩惱往往是在一天的工作結束時把你纏住，因為那個時候你有閒暇去接納它。那時你的心就像沒有負重的馬達一樣，而有由於空轉而燒壞軸承或粉碎軸承之虞。煩惱的治療法就是專心致力於某些具有建設性的工作。」

世界有名的女探險家奧莎・瓊森告訴我，她如何從煩惱和悲傷中解脫出來。也許各位曾看過她的傳記《我嫁給了冒險》。她十六歲時嫁給馬丁・瓊森，之後他們告別堪薩斯州，而走入婆羅州的叢林。此後二十五年間，他們的足跡遍及世界各地，曾深入亞洲蠻荒拍攝野生動物。

幾年後回美國時，帶著他們拍攝的作品巡迴各地演講。然而，有一次他們從丹佛出發沿著太平洋岸飛行，所乘坐的飛機卻不幸撞上山崖，馬丁當場死亡，而奧莎也被醫生宣告終身殘廢。三個月後，坐著輪椅的奧莎在眾多聽眾前演講。一季裡要做一百多次的演說。我問她為什麼要讓自己如此忙碌，她回答：「為了讓自己沒有時間煩惱、憂傷。」奧莎丁・瓊森和丁尼生一樣，發現了一個真理——為了不讓憂傷侵蝕，盡力使自己忙碌。

希望各位注意最後的這一句話：「生活要是漫無目的，一切都將崩潰。」

如果心中有煩惱，請不要忘記老早以前就被用來代替藥劑的「工作療法」。多少醫生都曾說：對於心靈受到傷害而恐懼、懷疑、憂慮、猶豫的精神病人，只有讓他們從工作中去獲得生活下去的勇氣。

傑出的瓊巴・納德休也說：「陷入悲慘憂傷的情緒，是因為有時間去破壞自己的幸福。」反過來說，忙碌於工作就沒有時間去想那些，同時也可使血液暢通、頭腦靈活、生命力強韌，煩惱自然而然一掃而光，所以請忙碌、維持忙碌吧！它是世上最實惠有效的身心療劑。

戰勝憂慮的第一原則是：

——**保持忙碌**。

憂慮的人必須將自己麻醉在繁忙中，才不會溺斃於絕望的深淵。

7 不讓瑣事煩心

我們經常要面對許多人生的大災難，但我們卻常為一些小挫折而弄得焦頭爛額。沙謬耶爾・比卡斯日記中曾有一段他在倫敦圍觀斬首的情節。人犯沙哈利他在上斷頭臺時，不求劊子手饒他一命，反請他給個痛快，儘管一刀解決，不要慢條斯理地虐待他的脖子。

拜德將軍在南極酷寒漆黑的生活中也發現了這道理。他的部下可以忍受各種艱險，反倒為一些小事而弄得心神不寧。他們對危險、障礙或零下八十度的嚴寒都安之若素、忍耐有方，但卻會互相猜忌對方侵入自己睡覺的地方而彼此不說話。

「在南極的營帳裡，諸如此類瑣碎的事，也會使有教養的人脾氣暴躁發狂。」拜德將軍還提到：「瑣事正是婚姻生活中爭執不休的起因，世間大半的憂慮都來自一些瑣碎的小事。」

確實，很多權威者也有同樣的看法。例如，芝加哥的沙巴斯推事法官調停過高達四萬件的不幸婚姻。他說，不幸的婚姻往往由於婚姻生活中一些不值爭議的瑣事造成。此外，紐約地方檢察官法蘭克・雷根也說：「社會上多半的犯罪原只是導源於微小的衝突。酒吧裡的虛張聲勢逞英雄、家庭裡的爭論、粗魯話、惡言相向……等，甚至演變或暴力或殺人事件。世間大半的心痛都是由於我們自尊心受損、被人侮辱、虛榮心被傷害等。」

芝加哥的一個朋友曾招待我們夫婦晚宴。男主人笨手笨腳的切錯了肉，當時我沒有注意到。然而即使注意到了，我也不會在意的。但他太太不但注意到了，而且就在我們面前對他發起牢騷來：「瓊，你怎麼搞的！難道你忘了正確的切法啦！」

之後，她對我們說：「他就是這個樣子，老是犯錯！」也許他真的經常犯錯，但他能和這樣太太共同生活了二十年，實在叫我對他佩服不已！與其在發牢騷聲中品嚐山珍海味，不如在愉快的氣氛下吃著塗芥末的熱狗。

後來，我和太太邀請了幾個朋友到家裡聚餐，朋友即將到之前，太太注意到餐巾和桌布有些不相稱。

聚會結束後，妻子對我說：「我去問廚師，他說有三塊餐巾送去洗了，所以用其他的餐巾代替。已沒有時間換，心中真是急得想哭，而且愈想愈急。突然我念頭一轉：算了！既然無法挽救就任它去吧！我決心讓氣氛很愉快，於是入席和他們談笑自若。因為我寧可朋友們注意到那三塊不相稱的餐巾後只認為我是懶散的主婦，也不願他們覺得我是個緊張、暴躁且易怒的女人。」——事後證明我太太這一聰明的作法，的確使我們享受了一頓愉快的晚餐。

有句關於法律的名言：「法律不管小事。」——如果你不想煩惱而要心安的話，必須取法此道，拒絕瑣事來扣門。

為了不讓瑣事煩心，得改變一下所努力的重點——儘量創造愉快的心境與想法。

我有一個作家朋友霍馬・克洛伊在紐約公寓執筆寫作，常被暖氣機的噪音吵得心浮氣躁、心神不寧。他說：

「有一次，我和朋友去露營，營火熊熊、劈哩啪啦地燃著，我心想：這聲音和暖氣機的蒸氣聲好像。然而，為什麼我會喜歡這個而討厭另一個呢？回家後，我告訴自己：『燃燒的火焰劈哩啪啦的聲音是快樂的。暖氣機的蒸氣聲不也和它一樣嗎？那麼別再去在意它吧！』結果，果真做到了。頭兩三天還會為其所苦，不久就全然忘記它的存在了。大多苦惱都是自尋的。我常常無故討厭起某事，也常常對諸事誇張，以致焦躁不安。」

英國首相狄斯雷里曾說：「人生苦短，怎堪我們再去拘泥一些小事。」

安德雷・摩洛在雜誌上就說：「這句話在我最苦難的時候，支撐了我的意志。我們常為一些不足掛齒的芝麻小事而弄得身敗名裂……我們活在世上不過數十年，何苦把時間浪費在這些無謂的煩惱上，時間是無價的，沒有東西可以取代。該致力於偉大的思想及不朽的事業上，如果還拘泥於小事，人生就更短暫了！」

即使卓越的作家吉卜林，有時也會忘記「人生苦短，不勝瑣事苦惱」的事實，以致和他義兄發生爭論，甚至演變成佛蒙特州史上最有名的訴訟。連報章雜誌都爭相報導。

吉卜林和佛蒙特州姑娘凱洛琳・布雷斯第在佛蒙特州的布拉德魯波建了一個美麗的家，打算在那裡長相廝守。他的拜把兄弟比迪・布雷斯第和吉卜林因而成為姻親。不久，吉卜林向布雷斯第買了塊地，布雷斯第也取得吉卜林的同意，隨著季節的改變，他可以任意割取地上的牧草。但有一天吉卜林把那塊地改造成花圃，布雷斯第知道後氣得快炸了，幾乎要毀了花圃。吉卜林也不服輸，雙方弄得很僵，情勢有如炸彈，隨時有爆發之虞。

四、五天後，吉卜林騎車出門，布雷斯第駕著馬車撞過來，吉卜林跌下車來，圍觀的群眾議論紛紛。吉卜林頭昏腦脹、怒不可遏地要求警察逮捕布雷斯第。轟動一時的訴訟就這麼開始了。就為這一場爭執，吉卜林被迫離開美國，在美國安居樂業的夢想就此破滅，原因卻只因一山牧草的無聊小事！

以下是哲人愛默生所說有關巨木勝敗的故事——

科羅拉多州的隆古斯峰上躺著一棵巨木，專家判斷其樹齡長達四百年。在哥倫布登陸聖薩爾多時，它還是株幼苗，當英國的一百零二名清教徒在曾利馬斯登陸時，它也只是一棵小樹，歷經十四次的雷劈，四世紀時不輟的雪崩、暴風雨的侵襲，它依舊傲然挺立，生氣盎然。然而最後卻因一群白蟻的咀蝕而不支。這群白蟻先是從樹皮侵蝕起，繼而逐漸咀蝕骨幹，破壞它的生命力。不畏風霜雷雨的巨木卻被一根手指就可以捏得粉碎的小蟲打敗！

我們不也像這棵勇敢的林中巨木嗎？我們不畏狂暴的雪崩、風雨，卻常被小蟲般的煩惱打敗，而意志消沈，毫無生機。

數年前我和一些朋友們一起旅行並去拜訪洛克菲勒的住宅。但是車子卻迷了路，最後好不容易比其他車子慢了一個鐘頭才到達，而西雷德卻拿著鑰匙在又熱蚊子又多的森林中等迷了路的我們一個鐘頭。

蚊子多到連聖人都要神經錯亂的程度。但牠們卻沒有擊退西雷德。他在等待我們的期間，折下白揚樹枝做成哨笛，在那邊吹了起來，所以當我們到達時，看到的是他面對滿天的蚊子吭都不吭一聲，卻高興自得的吹著自製的哨笛。如今我珍藏著這哨笛，當作是對一個懂得處世者的一種紀念品。

因此，戰勝憂慮的第二鐵則是：

——別讓那些無謂的小事擾亂我們的心緒。

記住：「這些小事，正是你人生的白蟻，只能摧毀自己的幸福而已。」

8 用數據來看事物

我的童年是在密蘇里州的農場度過的。有一天，一邊幫媽媽的忙，一邊摘著櫻桃時，突然哭了起來，媽媽問我：「戴爾，怎麼啦？」我邊哭邊說：「好可怕呀！我總覺得好像會被活埋。」

那時的我，煩惱的事情多得數不完：打雷了，怕被電死而心驚膽跳；看到收成不好，擔心會餓死；怕死後要下地獄；害怕比我大的山姆·霍伊特真的如他所言把我的耳朵割下；擔心脫下帽子和女孩子打招呼會被取笑；憂心沒有女孩子願意嫁我；害怕婚後要和妻子說些什麼，擔心要在那個教堂舉行婚禮……

怎麼辦？怎麼辦呢——好長一段時間，我不斷地煩惱這些問題。

隨著年歲的增長，我知道以往我所煩惱的事有百分之九十是絕對不會發生的。比如說，過去我怕閃電，現在根據國民安全審議的報告得知，每年被雷電擊斃的比率是三十萬分之一。

擔心被活埋也是很荒謬的。即使在木乃伊流行的時代，被活埋的比例，一千萬人中也不過只有一個。而我卻一個勁兒的擔心被活埋。

八個人中就有一個死於癌症，如果為此憂心，至少比起擔心閃電雷劈或活埋多少還有點道理。

這裡所介紹的雖是一些少年可笑的煩惱，但大人也有很多愚蠢的煩惱。你如果比照實際情形判斷自己的煩惱值不值得，相信百分之九十的煩惱必能不治而癒。

世界最有名的保險公司——倫敦的洛伊德即利用人類這種不切實際的憂慮心理而賺到大筆的鈔票。洛伊德以一般人所擔心的災難不會發生而下賭注。只是他們不稱之為「賭」，而名之為「保險」，而他們所根據的不外是所謂的「統計法則」。

兩百年來，這個大保險公司的業務鼎盛，且這種趨勢將持續下去，除非人類心理改變，不再做無端的憂慮。

更加了解「平均值」法則之後，我們會驚訝於一個事實——例如，假設預知五年後，你必須參加和蓋茨堡戰役同樣殘酷的戰爭，相信不久你將成為恐懼的俘虜，而想盡辦法參加各種人壽保險，寫好遺言，預測自己將無生還的機會，僅餘的數年大約也絕望得生不如死。但依統計資料分析，在蓋茨堡戰役傷亡的比率或許還不及中年人死於疾病的情況。

本書有數章是在加拿大朋友的別墅裡完成的。我在那邊度過了一個夏天並認識了家住舊金山的沙林傑夫婦。沙林傑夫人是一個溫和嫻靜的女性，讓人覺得她是不知憂慮為何物的人。有天傍晚，我問她可曾苦於憂慮。她說：

「何止呢，我的生活都要被它摧毀哩！我曾因此過了十一年自築的地獄般的生活。我生性衝動，容易生氣，每天過得緊張兮兮。每個禮拜要到舊金山買東西，在買東西的時候也因憂慮而直發抖，我擔心熨斗有沒有忘了關掉、家裡會不會發生火災、僕人有沒有看好小孩、孩子們在腳踏車上玩會不會被車子壓到……一想到這些便不安得直冒冷汗。於是，買東西途中也迫不及待地去搭車趕回家；為確定家中是否平安無事。我第一次婚姻就是在這種極度不安的情緒下宣告破裂的。

「第二任丈夫是個律師，什麼事也苦惱不了他，他是個冷靜而有修養的學者。只要我一緊張或生氣，他一定對我說：快樂點，好好想想看，到底擔心什麼呀？看看統計表或許有用喲！」

「有一次我們開車出遊，泥濘的途中，遇上了突來的暴風雨。車子行駛在滑路上，車輪好像隨時都要掉下來般，我一直擔心車子會掉到溝底，但我先生卻只是輕鬆的說：『不會出事的，不需要擔心！我開得這麼慢，就是掉到溝裡，也不會造成任何傷害。』由於他的冷靜和自信也使得我沈著冷靜下來。

「有一個夏天我們到加拿大溪谷去露營，晚上，我們紮營在海拔二千公尺的海邊，卻遇上了暴風雨，帳篷好像快被吹打得粉碎。帳篷是利用支柱的鋼條和地板相接，而外圍的帳篷因暴風的關係而搖搖欲墜。我一直為此害怕得渾身發抖。但我先生卻對我說：『別擔心啦，我們和指導員們在一起，他們有許多豐富的經驗，知道該怎麼處理這種情形，況且依照機率來看，今晚帳篷也不會被吹倒，何況萬一真的被吹倒了，我們還可移往其他帳篷呀！所以別擔心啦，快樂點……』聽著聽著，我心情平靜了下來，那一夜睡得香甜。

「數年前，我們的家鄉加利福尼亞州流行小兒痲痹症。我先生很冷靜的做了萬全的準備，讓孩子遠離人群，不去學校或電影院。後來詢問衛生局得知，即使在小兒麻痹最猖獗的時期，全州小孩子患病的數目也不過是一千八百三十五人，而一般情形只是二、三百人。我因此安心許多，因為小孩患小兒麻痺的比率微乎其微。聽到『依比率來看，它是不會發生的！』這句話，我的煩惱就消失了百分之九十。於是二十年來，我的生活過得寧靜而愉快。」

煩惱和不幸都是想像的產物，回顧過去，我發覺大部分的煩惱確是如此產生的。傑姆・葛蘭特也曾告訴過我同樣的經驗。他在紐約經營一家配運公司。經常都載運好幾十車的橘子和葡萄從佛羅里達州到紐約。

他經常杞人憂天的想：不曉得貨車會不會發生事故、水果會不會散落一地、當貨車通過時鐵橋會不會斷掉了等等……當然，那些水果都是投了保的，而他所擔心的不外乎怕水果無法如期送達而失去了市場。在這嚴重的憂慮下他患了胃潰瘍，不得不就醫。醫生告訴他，完全是情緒因素造成的。

如此一被點醒，光明乍現。他自問自答：「傑姆，你經手過幾輛貨車？」、「大約二萬五千輛。」、「那麼發生事故的有多少？」、「五輛吧！」、「才五輛啊！那麼換句話說，五千輛中也只不過有一輛罷了。依此推算，你的貨車發生意外的機率不過是五千分之一罷了，還有什麼好煩惱的呢？」、「但是，說不定鐵橋會損壞呀？」、「即使如此，你真正的損失又有多少？」、「零！因為保險公司會賠償。」、「真是愚笨透頂，竟為了五千分之一機率的意外就擔心得胃潰瘍。」這麼一想，他不再為這機率極小的事而杞人憂天，胃潰瘍也不再惡化了。

阿魯・史密斯競選紐約州長時，遇到政敵的攻擊時，就不斷告訴自己：「看看統計記錄，了解一下情況……」當我們因擔心什麼事可能發生時，不妨試試這種高明的作法，首先查查過去的記錄，這樣也許能幫你減少許多憂慮。以下是富雷迪利克親口陳述的故事——

一九四四年六月初旬，我藏身橫臥在阿馬哈海濱附近細長的戰壕裡，我是第一百九十九通信中隊的一員，過著洞穴生活。從細長的戰壕中環顧，那長長的方形坑洞簡直就像墳墓，躺在裡面睡覺時，簡直就像真的躺在墳墓裡一樣。我不自覺的想到，說不定這裡就是我們的葬身之地。

有天晚上十一點德軍來襲，開始向戰壕裡投炸彈，我因害怕而身體痙攣。最初的兩、三晚都無法入睡，第四、五晚甚至神經都要崩潰了，自忖若不快設法消除這些恐懼將會瘋掉。

第五個晚上，我突然驚覺到自己還是安然無恙，而伙伴們也只有二位受了傷，且非傷於德軍的炸彈，而是被我方高射砲炸裂的碎片所擊傷的。發覺到這些事實之後，我決心做些建設性的事情來消除無謂的煩惱。

因此，我就在戰壕的上端舖蓋厚木板，以防炸彈的碎片，並對自身的處境加以深切了解，其實在這麼深的戰壕裡，只有直接被敵方的炸彈擊中時，才有致死的可能，然而擊中率只有萬分之一以下。

獲悉這個情形，我便頓時寬了心。此後兩、三天，即使在敵方的轟擊中，我也能夠安然地一睡到天明。

所以，要戰勝憂慮的第三原則就是：

——依比率來看事物！

詳查過去的記錄，並自問：「依照統計資料，我所憂慮的事真的會發生嗎？」

9 接受命運安排

我小時候曾和幾個朋友一起在密蘇里州西北一間古老的廢屋屋頂玩耍，學習小飛俠從天而降。就在跳下的當兒，第三根手指被釘子鉤住，手指頭斷了一根。

驚叫、害怕，我擔心會因而死掉，但是不久傷口癒合後，就不再害怕了，不再為斷指而深感惋惜，因為我接受了命運的安排。

現在，我已難得去注意左手只剩四根指頭的事實了。

數年前，我認識一個在紐約經營電梯生意的人，我馬上注意到他的左手自手腕以下全被切斷。我問他不在意嗎？他回答：「這沒什麼，我想都沒想過，我是個單身漢，唯一會讓我想到這件事的，大概只在穿針線的時候。」

實際上，在不得已的情況下，我們都能夠接受並適應許多令我們意外的事實，並忘記自己曾受過的傷害。

我偶而會想起，在荷蘭阿姆斯特丹一座十五世紀時的教堂廢墟裡所見的碑文，一面以法文寫著——

當我們漫步在漫長人生路時，會遇到很多不愉快的事情。那是無可奈何的。但你保有選擇的權利——面對這一不可改變的現實，你是要接受考驗，還是要逃避而沮喪不已？

以下是心理學家威廉・詹姆斯的名言：「坦然地接受已發生的事情吧，接受是克服不幸結果的第一步。」

環境並不能決定一生的幸或不幸。環境本身並不能左右我們的悲喜，而是對情境的反應主宰了我們的情緒。所以耶穌說：「天堂就在你的心裡。」同樣地，「地獄也在你的心裡。」

我們每個人都能夠忍受悲痛、災難的挑戰，而終於獲得勝利。也許你覺得不可思議，但是我們確實隱藏著堅強的生存潛力，當我們運用它時，就能得到極大的恩惠，我們比想像中還堅強的！

已故的布斯・達金德常說：「我可以忍受上天給我的任何變故，唯一令我無法忍受的是失明。」然而在他六十歲的某一天，他想在氈上補一些粗針，卻突然覺得眼前模模糊糊連圖樣都看不到了。在他遍訪眼醫後，確定了他所害怕的悲劇終於發生了——雙眼相繼失明。

對於這樣一個最悲慘的遭遇，達金德的反應如何呢？是咒罵「完了，我的一生就此完蛋了！」嗎？不！出乎意料的，他精力旺盛、心情爽朗，甚至談笑如昔。飄浮在空中的「斑點」（烏雲）使他煩惱，因為他們在眼中晃來晃去，遮蔽了他的視線，但是大的斑點還是出現了。「呀！老伯，你還是來啦，這麼大好的清早，你上那兒去呀？」他開玩笑地說著。

命運能夠挫敗這樣堅強樂觀的人嗎？在雙眼都失明的時候，達金德說：「我發現自己對於喪失視力，也能如其他事情一樣坦然接受。我知道即使我五官都失靈了，我還有內在的心靈世界，可以感知外在的萬象，可以支持我的生命。」

為了恢復視力，他一年動了十二次以上的手術。而且都是局部麻醉，他因此就埋怨嗎？不！他知道這是不可或缺的步驟，既是無可避免的，且為了減輕苦痛，最好就是欣然接受已發生的事實。於是他拒絕住在個別的病房而搬到大病房和各種病患住在一起，並致力於鼓勵他們。即使經歷好幾次手術，也覺得自己是很幸運的人：「我是何等的幸運，生存在這醫療發達的社會裡，連眼睛這麼細微的器官，醫生都能在裡面進行手術！」

如果是一般人，想必會在十二次以上的手術及失明的痛苦折磨下而精神崩潰。然而，達金德卻學得了：「由於這個寶貴的經驗，我學會了忍耐，並且領悟到人生就是再悲慘再不幸，也沒有無法忍受的道理。」

就如彌爾頓所發現的道理一樣：「失明本身並不悲慘，真正悲慘的是無法接受失明的事實。」

新英格蘭的女權運動者瑪格莉特・法拉有個信念：「接受自然、宇宙所賜給我的一切。」

確實，我們得接受無法抗拒的事實。我們一再抱怨不可避免的命運，但這些遭遇既然是無法改變的，我們就得面對它。

以前，我曾傻得要抵抗既成的事實，結果卻是澈夜失眠，有如置身地獄般痛苦，這樣經過一年的自我折磨，我終於接受了一開始就無法改變的事實。

我想奉勸大家學習樹木或動物，承受各種自然的洗禮，無怨尤地面對黑夜、山洪、飢餓與意外等──牠們因此無憂無慮。

飼養家畜十二年來，從沒有看過乳牛因吃醋或面子而鬥得不可開交的。動物們能夠平靜的面對黑夜、狂風或飢餓，所以牠們不會發生精神崩潰或胃潰瘍。

我這麼說，並不是主張要向不幸低頭，也不是所謂的宿命論，而是在可使事態好轉的範圍裡盡力挽回，但是一旦事實已無可改變，就不要再拚命掙扎，而要勇敢的面對命運的安排。

哥倫比亞大學已故的訓導長的人生哲學：

「治療世間諸病，有什麼獨到的方法嗎？沒有的！要是能有辦法的話就試試看，要是沒有，就不要耿耿於懷！」

寫這本書時，我曾訪問許多美國名企業家，印象深刻的是，他們都能坦然面對無法逃避的命運，而得以過著無憂無慮的快樂人生，如果不這樣，他們必然早在緊張的商場上精神錯亂了。例如：J・貝尼跟我說：「即使我公司虧錢，我也不會煩惱。煩惱有何助益，只是於事無補，我只知盡最大的努力，最後的結果則不是我所能決定的。」

亨利・福特說：「我走入業界後才發現，憂慮是於事無補的。所以一遇困難，我總儘量克服；若非我能力所及，我就乾脆忘掉它，而不為它困擾。」還說：「假如我感覺問題很多，我便撒手不管，任由問題自己去解決。」

卡斯特有限公司董事長K・凱勒說遠離煩惱的方法是：「面對逆境，若能有所改善，則努力扭轉，若已無計可施，就忘了一切，因為沒有人能夠預測未來，而影響未來的變數又那麼多，不是人們所能理解的，既然如此，又何必煩惱呢？」

若稱K・凱勒為哲學家，他必定羞紅著臉謙稱自己只不過是個生意人。而其人生哲學卻和一千九百年前耶皮克・帖特斯所主張的一樣。他說：「通往幸福的道路只有一條，就是不為無計可施的事煩惱。」

被尊稱為「聖薩拉」的薩拉・伯恩哈特正是最好的例子。

半世紀前，她橫跨四大陸的劇場所向披靡，而被稱為劇場的女王，七十一歲時的她用光了她所有的財富，宣告破產，同時她的主治醫師伯奇教授也宣告她的腳已回天乏術必需切除，那是在橫渡大西洋遇上猛烈的暴風雨時不小心摔落甲板上，靜脈炎惡化而導致的腳部萎縮。無法忍受的劇痛，使醫生決定把傷腿切除。醫生不知如何將這像暴風雨一樣強烈與震撼的消息告訴她，唯恐她聽了會歇斯底里。

但醫生猜錯了，當她聽到這樣的診斷時，只看了醫生一眼，然後以一種非常平靜的語調說：

「如果這是必要的，就照做吧！」

當她躺在手術車上被推往手術房時，她的兒子熱淚盈眶，她卻對自己的兒子做個瀟脫的手勢，語調輕鬆的說道：「那兒都別去哦，我馬上回來。」

推進手術房途中，她默背了一段劇場的台詞，問她是不是為了鼓勵自己，她回答說：「不是，是為了鼓勵醫生和護士，因為大家都緊張兮兮的。」

手術回來後，薩拉還做了七年的世界巡迴演出，風靡了全球各地的觀眾。

耶利西・馬可密克在《讀者文摘》寫道：「一旦接受不可改變的事實後，反而可以產生一種不可思議的精神力量而得以創造一個更豐實的人生。」

世上沒有一個人有這麼大的能耐，能夠與無法改變的現實作對。既是這樣，何不省力氣，把它用來創造一個新生活。這兩者只能擇其一，你擁有完全的自主權，而兩者的得失你一定也非常明白。

我在密蘇里農場時，這類的例子觸目可見。農場以前種了很多樹木。最初，那些樹發芽，慢慢成長，不久暴風雪摧折它的枝枒，厚厚的冰雪覆蓋它，然而那些樹木卻不因冰雪的重荷而低頭，反倒更頑強的抵抗，終因不勝重荷而枝幹頹折，最後倒地不起，那些樹木要是知道向北國森林學習就好了。我曾跋涉過加拿大的長青樹林好幾里，它們不曾因風雪吹折而頹倒。這些長綠樹林的保身之道在於知道何時要下垂枝幹與無可避免的勢力同步。

柔道高手都深知：「要像柳條一樣柔軟能屈，別像橡木一樣頑強抵抗。」

你有過車子在路上爆胎的倒楣經驗吧？當初輪胎製造業者在製造時也曾想要生產一種能耐路面衝擊的輪胎；然而輪胎卻常破爛不堪，於是他們就生產一種順應路面顛簸的產品，這樣的輪胎十分經久耐用。我們在人生的崎嶇路上，不也應該學習這種順應逆境，吸取衝擊的方法嗎？若能如此，必能開拓一個更開闊、更舒適幸福的人生旅途。

如果不順應人生的種種打擊而一味頑抗又如何呢？不如柳條低垂，而如橡木剛強頑抗又會如何？答案很顯然：只是徒生困擾而導致不安、緊張、精神錯亂罷了。

大戰中數以百計的士兵們不是接受一些無法避免的恐怖事實，就是在恐懼中瘋狂或死亡。下面就是威廉・卡斯露斯的親身經歷——

進了沿岸防衛隊之後，馬上被派遣到大西洋數一數二的酷熱地方去。任務是看管炸藥，各位想想看，一個身為蘇打餅售貨員竟然轉身一變為爆破教官，只要想起站在幾千噸真火藥當中就毛骨悚然。我只受訓兩天，有了初淺的認知之後反倒更加害怕，我永遠忘不了第一次的任務。

在一個雲霧迷漫黑暗的晚上，我下令打開紐澤西的卡文碼頭。

我負責的是第五船艙，和五個船內的工人一起工作。體格魁梧的他們對爆炸物卻一無所知。他們所運的大型高性能炸彈含有一噸爆炸力特強的火藥，已足以摧毀那艘舊船。這個大型的高性能炸彈以二條電纜從船上吊運下來，我不斷地擔心萬一其中一條電纜鬆了或斷了……天哪！我害怕得直打哆嗦、口乾舌燥、四肢無力、心臟更是怦怦跳。但是，脫逃也不是辦法呀，那不就是逃兵了啊！如此一來，只有顏面掃地、尊嚴盡失、雙親也將蒙羞，況且說不定要被槍斃呢！所以實在沒有逃避的理由，只有留在原來的工作崗位，目不轉睛地監視他們搬運以防任何粗心大意的事故。在擔心不知何時船會爆炸的恐懼下，度過了驚心動魄的一個鐘頭，才恢復正常的意識，自己勉勵自己要沈著冷靜，安慰自己不會出什麼大差錯的；就算會有疏忽，不也是一種迅速痛快的死法嗎？總要勝過纏綿病榻。多傻啊！人難免一死，究竟要勇敢地擔下任務，還是被當作逃兵給捉回槍斃呢？

就這樣不斷地告訴自己，而得以漸漸的穩住心情，最後，我接受了這個不可能改變的事情，終能克服不安和恐懼。

此後，我總是忘不了這一次的教訓，每當為自己能力所無法解決的事煩惱時，便瀟灑的聳聳肩要自己忘了它。而這個方法對一個蘇打餅售貨員的我來說，非常有效。

所以，戰勝憂慮的第四原則就是：

——接受無法改變的事實。

10 人生要懂得「煞車」

想必諸位都想知道如何在華爾街賺大錢吧？有此念頭的恐怕不下百萬人。如果我知道答案的話，這本書大概可以定價美金一萬元了；但它卻揭示出一些成功的商人的處事觀念，下面的故事就是理查斯．羅伯——一位投資顧問親口告訴我的——

最先，我向朋友借了兩萬美金投資股票市場，賺了一些錢，可是在另一次投資中，竟弄得血本無歸。自己的錢全賠上了不打緊，但連朋友的錢也被我賠掉了。或許那筆錢對他來說並不算什麼，但我內心卻十分過意不去。損失慘重之後再和他們碰面總覺得十分抱歉。然而令我驚訝的是朋友十分開朗，是個十足的樂天派。而我也發現該聽聽別人的意見，然後再試試運氣。就如H．菲利普所說的：「以耳朵來尋找機運。」

我一方面反省自己的過錯，同時重新向股票市場出發，並決心摸清股票行情及所有有關的知識，於是我打算請教在股票市場頗有心得的老前輩波頓‧卡斯特，他教給我許多操作股票的技巧，使我知道，他在股票界所享的盛名與成功絕不是僅靠機運來的。

他問了我兩、三個有關處理股票買賣的問題，之後他說自己所採用的原則：「不管什麼買賣，我都為它設下一個停損點，當價格滑落到某一個停損點範圍內，就要出售，這樣損失的程度就不會太大。」

我立刻採用了這個原則，很幸運的，如他所言，不僅挽回了過去所損失的錢，同時也為自己賺進了大把鈔票。後來我還把這個原則運用在其他處事方面。我常將這個煞車的理論應用在令人喪氣的事情上，結果所有的煩惱或不愉快，竟像變魔術般轉瞬間消逝了。

我經常和一個沒有時間觀念的朋友約好一起吃午飯。我往往要悒鬱不樂的等上三十多分，他才姍姍來遲。後來我向他表明了這個煞車原則：「比爾，我等你的時間只有十分，超過十分，我們的約會就取消──因為我回去了。」

自從運用了這個煞車原理，避免了很多因暴躁、孤僻、懊惱等情緒性的緊張。以前我常自問，為什麼就沒有應付煩惱的智慧？且對自己混亂的情緒做了個正確的抉擇：「夠了！快收拾起憂鬱的情緒，別再悶悶不樂了吧！」

再讓我們看看它有什麼功效。當我正處於人生的重大危機——即將毀滅的緊要關頭時，它發揮了功用，拯救了我。三十歲以前，我志於成為第二個湯瑪斯、第二個哈代……憑著這一股狂熱，我在倫敦待了兩年，正當第一次世界大戰後，通貨膨脹相當嚴重的時代，如果有錢就能生活舒適。那多事之秋的兩年期間，我完成了我的偉大巨著《暴風雨》。書名正符合那個時代的背景。當文學評議會告訴我那是一本無價值、無內容、一無可取的作品時，我幾乎要休克。

茫茫然地出了辦公室，就像被當頭棒喝般昏頭轉向，挫折感太大，全身像虛脫般軟弱無力，感覺自己像被逼到人生的十字路口，必需做一選擇。到底我該怎麼辦？我該何去何從？好幾個禮拜，我就這樣茫然若失地度過，好不容易從低潮中恢復精神，如今想來，才發覺當時運用的還是這個即時煞車的方法。當時我根本沒聽過所謂的「煞車理論」，只是把這兩年來的全力投入當做一種寶貴的經驗，然後重新振作，再度回到成人教育工作上，空閒之餘則將精力投注於你手邊的傳記及人際關係實用叢書。

每當回顧自己選擇的這條路時，總不禁要高興得手舞足蹈。從那天以後，我便不再為了不能成為湯瑪斯或哈代第二，而遺憾不已了。

大約一世紀前的某天晚上，華爾騰湖畔的森林裡，正當貓頭鷹尖聲高叫時，亨利．梭羅使用自製的鵝毛管筆沾上自製墨汁在日記上寫著：「事物的價值，是以人生作為成本，不過在分量上會比人生略少一點。經時間演變的結果，事物的價值將互相交換。」

換句話說，為了某件事而粉身碎骨是再傻不過的了，但偏偏吉伯特和沙利文卻做了這樣的傻事。他們都得意於創作美好的音樂和戲劇，但可悲的是他們不懂得如何創造美好的人生。

他們創作了許多喜劇，娛樂了世界各地的人們，然而卻無法控制自己的情緒。兩個人就為了一張地毯的價錢，多年來一直相互仇視。沙利文為他們新買的劇場訂購了一張地毯，吉伯特過目帳單之後非常生氣。從此之後，他們兩個至死都不曾再開口和對方說話。兩人的爭議甚至搬到法庭。

沙利文為新劇譜好曲後，也不親自拿給吉伯特，而用郵寄的。同樣的，吉伯特填好歌詞後也郵寄給沙利文。有時候，兩個人同時站在舞台上謝幕時，也不站在一塊兒，而各據舞台的一端，還特意別過臉去，只為了避開對方的臉。他們和林肯不同處，主要在於他們對自己的遺憾、煩惱沒有採取所謂的「煞車理論」。

南北戰爭正激烈的時候，林肯的朋友們爭相出言批評林肯的仇敵，然而林肯卻不以為然的說：

「其實我自己一點也不覺得有什麼虧損。人生沒有太多的時間可供你花費在怨怒上，快停止這種無意義的攻擊吧！」

《戰爭與和平》及《安娜・卡列尼娜》的作者托爾斯泰，在他死前的二十年間——一八九〇年到一九一〇年，聲名達於頂尖，他的崇拜者列隊造訪，有的只為了看他一眼，有的則為了聽他說句話，有的只為了能摸一下他的衣角。把他的一言一行都當做「神的啟示」般記錄下來。而在日常生活方面，托爾斯泰到了七十歲卻還沒學到人類最寶貴的教訓。

托爾斯泰娶了一個熱戀已久的少女。他們原本過得很幸福，但是他太太卻是個嫉妒心極強的人，她甚至打扮成村婦，跟蹤丈夫到森林深處，只為監視他的行動。兩個人一見面即吵，口角不斷。她的嫉妒心有增無減，甚至於連自己女兒的相片也都用槍射穿，還曾吃鴉片、一哭二鬧三上吊……那時候，孩子們都嚇得躲在牆角顫慄著。

托爾斯泰的情形又如何呢？像個大男人一樣憤怒地把家具摔得亂七八糟的吧？然而，托爾斯泰把自己的妻子罵得一無是處。他是有企圖的，他要藉此讓後世同情他而怪罪他的妻子。

他的夫人又如何面對此事呢？當她察覺時，氣得把日記撕得粉碎丟到火裡，然後也開始寫日記，以「惡漢」來稱呼托爾斯泰，後來並出版了《誰之過》一書，在書中把丈夫當做一名惡魔，而把自己描述成一個受難者。

到底有什麼企圖？為什麼他們的家庭會變成托爾斯泰所謂的「瘋人院」。的確是有一些理由的，其中之一就是要把自己的印象強迫加諸他人。他們非常擔心後代的我們的評論，擔心我們在他們入黃泉後還要奚落他們。這真是豈有此理！我們對於自己的問題都已經自顧不暇了，那有餘力再去想一下他們的事。這兩個可悲的人為他們的庸人自擾付出了太高的代價——他們因而過了近五十年地獄般的生活。追根究底起來，他們所欠缺的正是「煞車」的觀念。不論誰對價值都沒有抱持正確的態度，以致於對煩惱都無法即時煞車而浪費太多寶貴的人生。

我深信，對於事物價值的正確判斷正是獲得內心安詳平和的關鍵。因此，如果我們對於個人在人生舞台所扮演的價值能有充分的了解，那我們的煩惱就不難消除了。

所以，戰勝憂慮的第五個原則是：

——不論什麼時候，只要我們感到挫折、煩惱時，就要自問：

1. **現在我所煩惱的事情，真正妨礙到我的生活嗎？**
2. **對於煩惱是不是該採取「煞車」理論？是不是該忘了？**
3. **對於這個「煩惱」，你該付出多少代價，會不會付出太多了呢？**

11 前人的智慧

也許有人會認為，「覆水難收，悔恨無益」是陳腔濫調而不屑一顧。雖然是老生常談的一句話，但卻蘊含了深沈的智慧。所謂諺語，就是人類長年累積的生活體驗、世代相傳的智慧結晶。就算你讀遍歷代哲學家們所著有關煩惱的書，也無法找出像這些「船到橋頭自然直」、「覆水難收，悔恨無益」等意義深長的哲語。如果能讓諸位不再嘲笑這兩句「陳腐」的諺語，而能實際應用到生活上，就是在文中多費唇舌也是值得的。

我非常尊崇已故的富雷特・法拉傑特先生，他是一個懂得將古老真理融入現代生活，因而受益的人。在費城日報執筆的他，在對某一所大學畢業生致詞時說：「曾拿鋸子鋸過木頭的人，請舉手！」大部分的學生都舉了手。之後他再問：「那麼，曾拿鋸子鋸木屑的又有幾個呢？」結果沒有半個人舉手。「當然，拿鋸子鋸木屑是不可能的，木屑是鋸剩下來的殘渣，而過去不也像木屑一樣嗎？為無法挽救的事追悔不已，不就像拿著鋸子鋸木屑一般嗎？」

我曾問過棒球界名人唐尼・克曾否擔心比賽失敗。當時八十歲的他回答說：「會啊，但那是老早以前的事了，之後我便發覺擔心無益，而且領悟到，想以流逝於河川的水來磨碎穀物是不可能的。同樣的道理，如果無法用鋸子鋸木屑，當然也就無法以逝水磨穀物。而如果你執意如此，就只會徒然在臉上留下皺紋或在胃裡栽下胃潰瘍的種子。」

去年感恩節，我和傑克森・田普賽共進晚餐，他一邊吃著烤火雞，一邊告訴我有關將重量級寶座讓給塔尼的比賽。誠然，這個比賽對他來說是很嚴重的打擊，自尊心更是大大受挫。他描述當時的情況說——

> 正當比賽熱烈進行時，我突然察覺自己已老邁，十回合比賽下來，雖然還能挺直站立，但早已筋疲力盡，臉青鼻腫，到處是跌撞的傷痕。只能眼睜睜地看著菲利普・塔尼高舉著雙手大喊勝利，我已經不是世界冠軍了！在雨中我開始收拾自己的東西，用雙手撥開人潮走回休息室，途中有幾個支持我的觀眾噙著淚過來和我握手安慰我。

一年後，再度和塔尼交手，然而我真的不行了，因此變得悶悶不樂、愁眉不展，我對自己說：「別再活在過去的光榮裡，絕不能為覆水苦惱，這點失敗算什麼？我相信自己永不會被擊倒！」

那麼傑克・田普賽是如何從苦惱中超脫的呢？是不是不斷告訴自己：「我絕不為過去苦惱？」不是的！這樣只會更加提醒他想起過去。於是他勇敢地接受失敗的事實，一掃所有的挫折感，重新再出發。

他決定在百老匯經營傑克森・田普賽餐館，並在五十七號街開設了一家旅館。生活忙碌得無暇再想起過去。他曾說：「在這十年裡，我過著比得冠軍時還充實快樂的生活。」

田普賽並沒有唸過什麼書，卻在不知不覺中奉行莎士比亞的忠告：「聖人從不坐著怨嘆一種失敗，而會振作精神尋找解決的對策。」

每當我閱讀歷史或偉人傳記，看到那些無畏於逆境而昂然挺立的例子，便不禁鼓舞自己忘掉無謂的苦惱，免於釀成悲劇，抬頭仰望藍天，向更新的生活邁進。

過去我曾造訪辛辛那提監獄，我很驚訝獄中的囚犯看起來竟然也和世人一般幸福的樣子。為此，我特地和典獄長羅斯談起，於是他告訴我：犯人剛入獄時都滿腔怨恨，常常鬧脾氣添麻煩。幾個月後，大部分都能冷靜地接受自己的不幸，認命的服刑，盡可能快樂生活。當花匠的那個囚犯在監獄裡，一邊種著蔬菜、花草，還一邊輕哼著歌呢！

這位邊種花草邊哼歌的囚犯，實際上懂得比我們多，就如他所知的——事實已經注定，事實沿著一定的路線前進，痛苦、悲傷，並不能改變既定的情勢，也不能刪減其中任何一段情節，當然，眼淚也無補於事，它無法使你重新締造奇蹟。

因此，停止流無用的淚吧！當然，我們得負起種種愚行及失策的後果，不管誰都是一樣的，就是拿破崙也不例外，他所指揮的大戰役也有失利的記錄。總之，就是我們動員全國的精英人士也無法使時光倒轉。

因此，請切記第六個鐵則：

——覆水難收，悔恨無益。

方。

摘要 消除憂慮的法則：

1. 讓忙碌來驅逐煩惱。精力充沛積極進取是治療「憂鬱症」的最佳藥方。
2. 別為雞毛蒜皮的小事憂慮，別為一些不值得的事擊倒。
3. 運用「平均值法則」消除憂慮。試著自問：「問題真正發生的可能性到底多少？」
4. 順從天命，覺悟有些事並非人力所能改變，而重新再出發。
5. 處理憂慮要運用「煞車理論」，決定對於一個問題該費心的程度是多少？若到了極限便該即時煞車。
6. 埋葬過往的錯誤。切記：「覆水難收，悔恨無益！」

「第二部
獲得快樂的七個法則」

1 思想決定一生

幾年前，在一個廣播節目中，我被一位主持人問道：「戴爾先生，至今，你獲得的最寶貴教訓是什麼？」

這個問題並不難，至今我獲得的最大的教訓就是知道「思考」的重要性。如果我能知道各位的想法，便能了解諸位的人格。思想形成了我們的人格，尤其心思與意志更可說是決定我們命運的第一要素。誠如愛默生所說：「不論晨昏，思考正代表個人的存在。」

我非常自信的斷言：「人生最重要的問題，就是選擇正確的思考方式！」

羅馬帝國偉大的哲學家皇帝奧雷斯曾說：「一個人的思想，決定他的一生。」誠然，若我們心存樂觀，自然能生活愉快；若自怨自艾，生活也將黯然無光。想起恐怖的事，必因恐懼而顫慄；擔心生病，難保不因此真的生病；害怕失敗，恐怕也難逃失敗命運；對自己太過寬大，他人勢將敬而遠之。

皮爾博士曾說：「並不是你認為自己是什麼樣的人，就是什麼樣的人，而是你的思想決定你是屬於那一類型的人。」

我所主張的並非消極的人生觀，而是要諸位養成積極的態度。換句話說，你當然必需全神貫注於自己的問題，但是卻沒有必要煩惱。那麼，「關心」和「煩惱」之間，又有什麼差別呢？舉個實例，每當我通過交通阻塞的街道時，從不煩惱，只是更加全神貫注。每當你費神注意，便能看到問題的本質而後冷靜處理，至於一味煩惱，不過是徒然耗費精神，根本無助於事情的解決。

只要你能全力以赴，問題通常都能迎刃而解。

羅威爾·湯瑪斯就是個好例子。自他公開一次大戰作戰的影片起，我和他成為朋友。戰時他和助手在六個戰線將戰況拍下來。在他帶回時的傑作中有勞倫斯和阿拉伯士兵的生活記錄，當他以「阿拉伯的勞倫斯」為題在倫敦演講時，造成轟動，倫敦歌劇季甚至為他延期六個禮拜，只為放映他的影片及令人捏把冷汗的冒險經驗談。倫敦的成功之後，他便巡迴各地展出，亦頗受好評。然後他花費兩年去拍攝印度和阿富汗的生活記錄片，但不幸這次努力卻不獲倫敦市民的支持。

他在倫敦破產了，當時我和他在一起，若非他向朋友借了些錢，我們可能連廉價餐館都吃不起。而儘管他債臺高築，但卻一點也不憂愁，因為他深知如果被逆境打垮了便無顏面對一切，所以每天在出門前必定買朵花別在胸前，然後目不轉睛地朝著正前方，活力充沛池挺胸闊步在牛津街上。他積極而果敢，絕不輕易向失敗低頭。對他來說，失敗不過是遊戲人生的一環，更是鼓勵人向上的有效訓練。

我們的心志有左右身體行動的不可思議的能力，英國著名精神分析醫生哈德費爾特在《力的心理學》著作中，以實驗證明了這個事實。他請來三個男人，首先要他們盡全力握住測力計，然後改變三個條件再做完全同樣的實驗。

清醒時測驗的平均握力是四十五公斤。

接下來，他對他們施以催眠術，指示他們想像自己在脆弱情況下握測力計，結果平均握力只十二、十三公斤左右，不到平常的三分之一。三個人當中有一個是一流的拳擊手，但在催眠中接受軟弱的指示後，竟自覺：「我的手腕好柔好細，就像嬰孩的一般。」之後，哈德費爾特做了第三次的測驗，在三位受試者接受想像自己強壯的暗示後，測得的平均握力高達六十四點四公斤。當他們想著自己非常強壯時，握力竟然躍升了五成之多。這就是我所相信的所謂「精神的力量」。

其實，我並不是基督教信仰療法的信徒，只是我深信思考具有神奇的驚人力量。執教成人課程三十五年來，得知只要能改變自己的想法，則不論任何人都能驅逐煩惱、恐懼，甚至疾病的克服都是輕而易舉的。這種令人難以置信的奇蹟，已經屢見不鮮了。

我深切的覺得平常的喜悅、快樂並非來自物質、名利，而是受心情左右，和外在因素根本無關。例如，喬布朗偷襲美國的兵工廠並煽動黑奴的叛亂，因而被判斬首。在送往行刑台之際，他神情自若，反倒身旁的看守人員緊張不已。喬布朗冷靜且若無其事的遠眺維吉尼亞茂綠的山脊，同時發出讚嘆：「多美的地方呀！我從未欣賞過這麼美好的風景。」

第一個探訪南極的英國人羅勃特・史科特和伙伴遇到同樣的情形。他們的旅途可說是相當殘酷的。食糧和燃料用盡，幾乎到了寸步難行的地步，暴風雪更肆虐了十一天，兇猛的風幾乎刮起冰塊，斯科特和他的同伴都覺悟難逃一死了。為應付這類的緊急事變，他們預備了充分的鴉片，希望在吃了後可以平靜地結束生命。然而他們卻不使用這個方法，而是在不斷的歌唱中勇敢地走向死亡的路途。他們是挨餓受凍而死的，而非自殺而死。他們的勇敢與樂觀，若非日後搜救人員在他們的屍體發現了遺書，恐怕至今我們還不知道呢！

誠然，如果我們能夠勇敢而冷靜地面對死神，便能在走向斷頭臺時還一邊讀嘆風光的美麗；也能在飢寒交迫時還朗聲歌唱。

失明的彌爾頓在三百多年前也發現了同樣的真理。

每個人都是自己心靈的主宰，
在那片轄地中——
你可使地獄中有天國。
也可在天國中築一座地獄。

拿破崙和海倫凱勒也都驗證了彌爾頓的話。拿破崙獨享了世人所渴求的——光榮、權力和財富。然而在聖赫勒拿島時他卻說：「終此一生，我幸福快樂的日子加起來還不到六天啊！」而另方面，既盲又聾啞的海倫凱勒卻欣慰地說：「人生真的好美啊！」

度過了半世紀的生涯，我深深覺得——

想過幸福、安詳、快樂的日子，完全在於自身。愛默生在小品《獨立獨步》中有巧妙的表現：「政治的勝利、地價的上漲、疾病的痊癒……等等，都不能帶給你真正的平安，唯有發自內心的祥和，才能使你得到真正而恆久的平安、幸福。」

斯多葛學派的哲學家耶皮告誡我們：「去除心中的錯誤思想，要比費心治癒肉體的腫瘤、膿瘡來得重要。」——現代醫學也印證九百多年前所說的這段話。

法國大哲學蒙田，將以下這句話視為人生的座右銘：

「外在的事物不會傷害到我們，**只有自己，自己的心理障礙，才是我們最迫切需要克服的敵人。**」

心理學威廉・詹姆斯曾說：「一般認為行動是受感情支配的，而實際上是兩者並行的。行為可以直接影響意志，然後再間接調整感情。」他的意思是，並非心裡下定決心要如何就能使情緒也隨之變化，而是要改變行為，讓行為來影響情緒。

詹姆斯進一步說明：「所以，當我們不愉快、失意的時候，不依賴他人恢復心情的秘訣就是：不管什麼時候都裝做很快樂的樣子，到處去活動、聊天，很快就會從中找回來快樂。」

這樣簡單的秘訣真的有效嗎？你不妨親自試試。臉上掛著笑容、昂首闊步、深吸一口氣，一邊唱著歌或吹口哨，不會吹口哨就用哼的也無妨，這樣一來，你就能立刻驗證詹姆斯所說的效果簡單說來，能夠如沈醉於幸福般振奮精神，同時也不再心事重重、滿腔憂鬱。這是基本的道理，在我們的日常生活中創造奇蹟。

那麼，既然快活的心情以及積極的態度能拯救一個人的性命，你為什麼還要鬱鬱寡歡、懷憂喪志呢？既然樂觀行事能帶來幸福，你為何還要陷自己和周圍的人於不幸呢？

許久以前，我閱讀了一段令我感動不已的話——

人類如果改變了對事物或他人的態度，就會發現事物和他人的態度，也改變了……試著改變自己原本的心思，如此你會驚訝地發現，外在的生活條件有了急遽的變化！我們所希望的神自會在心中，而祂就是我們自己的內心，人類所有的成就，都是自身思考所直接帶來的結果，人類若提昇自己的思考，生活層次自然提昇，失意挫敗自然被克服；否則，人類就只有永遠懦弱卑怯！

創世紀上說，造物主給了人類支配全世界的權利，這是莫大的禮物，但我卻對那種特權毫無興趣，唯一渴望的是主宰自己、超越自己——主宰自己的思考、凌駕自己的恐懼、掌握自己的心靈。只要能控制自己的行動，那麼，就能連帶的調整自己的心緒。

因此，希望你牢記威廉・詹姆斯所說的：「經常我們所稱之為『魔鬼』的，事實上是自己的心理作祟。因為心態往往能影響一個人的生活，甚至帶動一個人的喜、怒、哀、樂。」且為幸福而奮鬥吧！

這裡有個實踐的計劃，我名之為：「只要有今天」，它蘊含的意義深遠，而功效顯著。這是三十六年前已故的席密爾所說的，照此計劃實踐，即可消除我們所有的煩惱，而如法國人所說的「生之喜悅」便可無限的擴大！

只要有今天——你就要作個幸福的人。**林肯說：「有多少程度的決心，便擁有多少的幸福。」**幸福源自內心，並非來自外物。

只要有今天——你就要順應環境，抑制自己無止境的欲望。好好接受你的家人、工作、命運，讓自己順應所有的情況吧！

只要有今天——你就要好好注意自己的身體，要運動、攝取營養，讓身體更健康、更靈活。如此，身體就能宛如一部性能優良的機器，可以隨心所欲地運作。

只要有今天——你就要鍛鍊自己的精神，學習一些有益的事。不要無精打采，要多閱讀一些跟思考有關的東西。

只要有今天——你就要利用兩種方法來訓練自己：第一，對每個人親切，不輕忽任何人；第二，就如威廉・詹姆斯所教的，每天至少要做兩件自己不想做的事，這對你的心理多少有些好處。

只要有今天——你就要做個討人喜歡的人，以和善的面容，合適的衣著，溫和的聲調、禮貌的談吐去面對周遭的人，以讚美代替批評、鼓勵代替責備，讓生活中的每一個細節充滿和樂與溫暖。

只要有今天——你就要規劃你的人生，使自己活得有意義。凡事只要專心一意去做，縱然只有短短數小時，也會效果驚人，一生有益。

只要有今天——你就要訂定這一日的生活計畫，這樣就能避免臨事張惶慌亂和猶豫不決了。

只要有今天——你就要騰出半小時來，好好地去思考神的事，也許會對人生有更正確的體認。

只要有今天——你就要以無懼的心去面對生活，盡情地追求快樂、享受人生、去愛、去關懷。相信當我付出真誠的愛與關懷後，也會獲得相同的回饋。

2 愛你的敵人

不知是誰說的一句話：「如果有個自私的人想要利用你，那麼，不要企圖報復，只要與他斷絕往來就行了。因為一旦你有了報復之心，受到傷害的並非對方，而是你自己……」

為什麼報復會產生那麼大的殺傷力？《生活》雜誌曾經報導過，仇恨之心會使一個人的健康完全崩潰——「高血壓病人的主要人格特徵就是心胸狹隘，易於憎恨。當內心的忿恨長期累積下來時，慢性的高血壓與心臟病，也就隨之而來。」所以，耶穌曾說：「愛你的敵人。」

當耶穌說：「愛你的敵人」時，同時也是在指導我們如何美化自己的容顏。我知道，憎恨與嫉妒最擅於破壞一個女人的容顏，沒有任何一種美容秘方比擁有一顆寬容、慈善與關愛的心來得更有效、更切實。

憎恨是以剝奪生之樂趣。聖經上說：「一頓粗糙的食物，只要心中有愛，就遠勝那些包含惡意的山珍海味。」

我們集中所有的精力去怨恨敵人，結果只落得神經質、容貌衰醜、心臟衰竭等下場，甚至連生命都有危險。如果敵人知道，大概要拍手叫好呢！如果我們無法愛敵人，至少多愛一些自己啊！

多愛自己一些，帶給自己更多的幸福、健康以及美麗，不就等於不再受敵人的牽制嗎？莎士比亞也曾說：「憎恨敵人的熊熊怒火，可別把自己給燒焦了。」人非聖賢，要去愛我們的敵人也許是非常勉強的；但基於自身的健康與幸福，非學習寬恕敵人，甚至忘了所有的仇恨不可，這是明智之舉。有句名言：「無論被虐待也好，被強奪也好，只要忘掉就沒事了。」

我曾問過艾森豪將軍的公子：「令尊曾懷恨過某人嗎？」他回答：「不，父親從不浪費一分一秒在自己所憎恨者的身上。」

有句古諺：「不會生氣的是傻瓜，而能不生氣的則是聰明人。」

紐約前任市長威廉・蓋納曾奉此為座右銘。曾被報紙輿論批評，甚至被狂暴民眾攻擊至身負重傷瀕臨死亡邊緣，然而躺在床上掙扎的他還說：「每天晚上，我都告訴自己，要原諒所有的事，要寬恕所有的人。」

您可能覺得他未免太過理想化了，或是寬容過度啦？讓我們聽聽德國哲學家《厭世主義的研究》作者叔本華的見解。他認為人生是一個毫無益處且備極艱辛痛苦的冒險，他每移動一個腳步，憂鬱便跟進一步。然而從絕望的深淵，叔本華呼叫：「盡可能不要對任何人有所憎恨。」

我曾問當過總統幕僚的班納德·巴奇是否為政敵的攻擊而深感束手無策。他回答：「不，從沒有一個人能激怒我或貶損我，因為我不允許那樣的事情發生！」沒有人能侮辱他或使他感到棘手，只因為他不允許仇敵達到這個目的。他說：「木棍或石頭也許會讓我們粉身碎骨；但是言語的鋒刃卻傷害不到我們，因為我們不會讓他稱心如意的。」

美國史上大概再找不出像林肯那樣備受責難及批判的人物了。林肯傳記裡說，林肯從不以自己的喜惡來判斷事情，不論是自己的朋友或對手，他都以公正的態度去處理人事的分配。不以言舉人，不以人廢言，只是「唯才是用」，從不因對方是政敵或討厭的人而有所偏頗。很多人藉著批判林肯而獲得地位，雖然林肯備受侮辱，卻還是不改其不以人廢言的信念。因為人們的行為是他所處的環境、教育、習俗……的產物，所以不能苛責他人。

也許林肯的信念是正確的。如果我們和敵人繼承了同樣的身體、精神及情緒特質，而且如果我們也嚐到和仇敵一樣的境遇，相信我們也必採取和仇敵一樣的行動。讓我們以寬大的胸懷，一起頌讚以下的祈禱文：「偉大的神啊，請讓我不要隨意批評別人，並祈求讓他在兩個禮拜裡有雙鹿皮軟鞋好穿。」這就是把怨恨轉換成同情，並由衷感謝上帝並未懲罰仇敵；不要批評責怪你的仇敵，而要為他們設想，同情、援助、原諒及為他們祈祝。

我生長在一個宗教氣氛濃厚的家庭，每天晚上在頌讀一節經文後，常常要跪著做家庭祈禱。至今，似乎耳畔還盪漾著父親以柔和的聲音唸出聖經上的祈禱文：「愛你的敵人，善待怨恨你的人，祝福咒罵你的人，為侮辱你的人祈福！」

父親躬行實踐了這樣的基督教義，因此獲得了心靈上無比的安詳與寧靜，是有權有勢的高官權貴用錢也買不到的。

因此，請銘記帶給人類幸福與和平的第二法則：

——不要報仇，因為在傷害敵人之前必會先傷害了自己。

3 施恩不望回報

最近我在德克薩斯州碰到了一個企業家正對不知報恩的人而生氣。和他見面不到十五分鐘，他便會異常氣憤地告訴你，雖然都已是十一個月前發生的事了。不管碰面的是誰，他若不提起這事，便無法忍受。事情是這樣：他發給三十五位職員總共一萬美元的耶誕獎金，每個人大約三百元，可是沒有一個人道謝，所以他非常生氣：「倒不如一毛不拔來得好！」

智者曾說：「憤怒的人，全身瀰漫劇毒。」這個人正是如此，因此不禁為他感到可悲。年齡也六十左右了，依人壽保險公司人生八十來算，也過了三分之二了。如果運氣好，還可活個十四、五年，然而，對過去發生的事情卻無法釋懷，只一個勁兒的憤慨悔恨，一年年的浪費所剩無幾的歲月，豈不悲哀！

為什麼他不停止憤慨及自憐的情緒，而去了解別人為什麼不感謝自己！

首先他該自問，是不是平時薪水給得太苛了或工作太艱辛？也許他們不認為那是耶誕獎金，而把它當做平時工作獎金的一部分也說不定，或者……

另一方面，也許職員們也該自我檢討一番。真正的實情我也不了解，但我了解的是西蒙・強生博士曾說：「感謝的心，是教育培養出來的成果，是無法在未受教化的人身上找到的。」

我所要說的就是這些。這個人和一般人一樣犯了個嚴重的錯誤——施惠於人而期待回報。對於人性的奧妙可說真是一竅不通！

如果你救了一個人的性命，是否認為那個人理所當然會感激你，而期待著他的報恩呢？但是，名律師西蒙・李柏威茲曾從死刑的電椅邊緣救回七十八條性命，你必定認為他們會寄聖誕卡以表感激吧？可是，你錯了，沒有一個人這麼做。

有一天下午，耶穌治癒了十位痲瘋病患，而有多少人道謝呢？只有一個。當耶穌問門徒其他九位都到那兒去時，他們早已跑得無影無蹤了，一句感謝都沒說的消失了。試問各位，我們是不是該因自己小小的施惠而期待他人的感謝呢？再者，如果是金錢上的施與，就更不可期望了。

如果你分給親戚一百萬美元，他會感激嗎？安德魯‧卡內基如果地下有知，聽到親戚批評自己的種種不是，準會氣得吐血。他之所以被咒罵，只因為卡內基捐贈了三億六千五百萬美元給慈善事業，卻只分一百萬美元給他們！這種例子比比皆是，所謂人性是與生俱來的，且終其一生都不會改變的，所以何不坦然面對它！

我們不也該學學統治過羅馬帝國的智者嗎？在他遺留下來的日記上寫著：「今後我將碰到的是一些自私自利及忘恩負義的人，所以我不必為此驚訝或感到不安。如果世上沒有這些人，還真無法想像會是個什麼樣的世界呢！」

這實是至理名言。抱怨別人的忘恩負義，到底錯在那裡？是人類的天性呢？還是錯在我們不了解人類的本性呢？其實，施恩於人是不該求報的。如此，偶然得到小小的感謝也足以讓我們欣喜若狂，而不被感謝時也就不會有任何的不平了。

本章我所要強調的第一點便是，人類天生便容易忘記人家的恩惠，因此，絕對不要期待他人的感謝。否則，無異是時時刺傷自己的心，難免要痛心不已。

我認識一個紐約的女士，她總是不滿且抱怨孤獨。她的親人都不想接近她——這不是理所當然的嗎？你去拜訪她時，她一定告訴你，她年輕時如何竭盡全力照顧兩個姪女，及如何細心照顧她們的痲疹、腮腺炎或百日咳……並讓她們和她長住，供她們唸書、幫她們找工作，甚至還照顧一個姪女直到結婚。

姪女會來看她吧？她們偶而會義務性來看她。但這對她們來說是件痛苦的事，因為不管什麼時候她們都被強迫聽一些抱怨、不滿、自怨自憐的話，她們對她的嘆息早已厭倦了。後來，兩個姪女再也不敢回去看她了，以致她得了心臟病。

心臟病是真的嗎？當然！醫生說是心跳機能亢進，是由於情緒化的緣故，所以沒有辦法給予有效的藥物治療！我想那位女士所真正渴望的是一些關愛，但她卻把那些誤為「感恩」，因此她認為那是她「理所當然」應該得到的，而把別人的給予視為是自己應享的權利。

世間和她一樣苦於忘恩、孤獨或被忽視的女性不可勝數。她們渴望愛，然而，在世上獲得愛的唯一方法——並不是自己去要求愛，而是不求回報的從自己開始去愛別人！

也許你會覺得這是不切實際的理想主義。其實，這是世間的常理，也是我們追求幸福的秘訣。

這是我在家中的實際體驗。雙親一向樂於助人，雖是窮得要四處借錢，卻每年必定寄錢到孤兒院。他們沒去探望過孤兒院，也沒收到任何謝函，但他們卻獲得許多回報，那就是不求回報的助人所得到的快樂。

離家之後，每年聖誕節一定送支票給父母，希望他們偶而也奢侈一下。但他們卻不這麼做，聖誕節前二、三日回家時，總看到父親抱著許多孩子，一邊討論送食物、燃料給沒有工作的寡婦等等，同時也沈浸在不求回報的施予所獲得的快樂中。

亞里斯多德所謂的理想完美者——最適於享受幸福的人——不就是像我父親這樣的人嗎？**亞里斯多德說：「一個理想、完美的人，從施予中得到快樂。」**因此，本章所要強調的第二點就是，如果希望得到幸福，就別要求回報，更不要在意別人的忘恩，因為施予的同時即獲得快樂。

父母們往往對孩子們的不知好歹十分懊惱。莎士比亞的《李爾王》也是大喊：「有一個不知感謝的孩子，比被毒蛇咬還痛苦。」

但為什麼孩子非報恩不可？父母不都是這樣扶養孩子的嗎？不感謝像雜草叢生一樣自然；而知道感謝的孩子像薔薇花盛開一樣，在施肥澆水的照顧之後，以美麗作為回報。

如果孩子不知感謝，到底該怪誰？也許該責備自己，如果我們不曾以身作則，教他們心存感謝，那又如何去要求他們來感謝我們呢？

我認識一位先生，他才是最有資格抱怨繼子忘恩負義的人。他在製造木箱的工廠揮汗辛勤工作時，每個禮拜才賺四十美元，後來，他娶了個寡婦，他被太太逼著去向人借錢，以供她帶來的兩個拖油瓶孩子進大學，每天的生活費、房租、水電費、利息……把他壓得喘不過氣來，而四年來，他卻毫無怨言的像個苦力般辛勤勞動。

他得到感謝了嗎？不，他妻子認為他如此是理所當然的，孩子們更是如此，他們不認為虧欠繼父，更遑論感謝了。

該怪誰？繼子嗎？是的。然而更該怪的是他們的母親。她認為在孩子們的將來深植「債務的觀念」是一種恥辱，所以不讓孩子們背負著債務出發，她從來不說：「你們繼父多麼偉大啊，辛苦賺錢供你們唸大學。」而總採取這樣的態度：「上大學沒問題，那是他該盡的義務。」

以她的立場來看，像是為孩子的將來著想，但實際上，卻給了孩子一種生活是容易的危險觀念。後來她有個兒子因向老闆「借錢未遂行凶」而鋃鐺入獄。

所以，不再為忘恩負義而憤怒、痛心的三個法則是：

1.與其為了忘恩負義而苦惱不已，不如事先就不要預期回報，想想耶穌治癒十個痲瘋病患，卻只有一個向祂道謝。我們的施惠難道比耶穌的偉大嗎？既然不會，那又何必強求感恩呢？

2.獲得幸福的唯一方法，不是期望人家感謝，而是在施與的過程中，即能獲得自身的喜悅。

3.感謝的心是後天培養出來的，所以要孩子從小就（學會）懂得感謝，便得教他們養成感恩的觀念。

4感謝你所擁有的

哈雷多．阿波是我很久以前認識的朋友。他住在密蘇里州的韋伯城，曾擔任我旅行演講的經理。

有一天，我們在堪薩斯城偶然相遇，他把我送到我在密蘇里州貝爾頓的農場。途中他對我提出他如何排除煩惱的問題，那是一席令人感動、終生難忘的話——

以前我是常常煩惱的人，但是一九三四年春天，有一天當我走在韋伯城的街道上，因為看到一個景象而使我的煩惱一掃而空。雖僅僅是十秒間的事，但是在那十秒之間，我卻學到比過去十年間在自己的生活方式中所學到的還多。

我在韋伯城大約有二年的時間經營食品雜貨店，但積蓄很快就用完了，而且還背負了一身的債，使我花了七年之久償還債務。已經在一週前關店的我，正走向銀行，要借款到堪薩斯求職。

我的腳沉重得就像被打斷一樣舉步艱難，在這當口，不期然從街道的前面，有位無腳的男子進入我的視線。他在有輪的溜冰鞋上安裝一塊小木板，人就坐在上面，兩手握著木杖，勉力撐著在街道前進。

我們的碰面，是在他橫過街道之後，為了上人行道，而把身體抬起五、六公分之時。他把木板傾斜一個角度時，我們二人的視線便接觸了，他邊微笑，邊向我打招呼：「早安！今天是個大晴天呢。」

他的聲音很有生氣，我在注視著那位男子時，忽然領悟到自己是多麼幸運。我有雙腳、能走路，驕縱自己是可恥的。這位男子即使沒有雙腳仍然很幸福、快樂而自信，對有著健全雙腳的我來說，更不應該辦不到啊，我如此告訴自己。

因此，內心頓時充滿了蓬勃的朝氣，本想向銀行借一百美元，但是此刻我決定要借二百美元。最初想告訴他們我想去堪薩斯找工作，但現在我能很有自信的說，堪薩斯正有個工作等著我結果順利的借到了錢，也找到了工作。

我至今還把以下的話貼在浴室裡，每天早上刮鬍子時，把它讀一遍——

沮喪於沒有鞋子，
是未在街上遇見，
失去雙足的人之前……

《時代》雜誌曾刊載一位負傷軍官的故事——

他曾被砲彈的碎片割破喉嚨，輸了七次血。和醫生筆談時問道：「生命沒有危險吧？」醫生回答「是的」，接著又一個問題：「以後可以講話嗎？」同樣是「是的」。於是，他再一次提筆：「如果那樣，那我有什麼好擔心的！」

各位也停下來，自問一下：「**我到底在擔心些什麼？**」應該可以理解所謂的擔心，不論從那一方面來說都是徒勞無益的事。

豐富我們人生色彩的各種事物中，大約有百分之九十是正確的，而百分之十是錯誤的。追求幸福時，最好是把注意力集中在正確的百分之九十上，而不要注意那百分之十的錯誤。如果要追求苦惱及悲哀，又想患胃潰瘍的話，最好是集中注意力於錯誤的百分之十而無視於充滿榮耀的百分之九十。

美國的克拉姆威爾派教會有許多都是刻著「想一想，然後感謝！」這句話。這句話也應該銘刻於我們的心中，「想一想，然後感謝！」想一想我們必須感謝的所有東西，我們應該感謝神所賜與的所有恩惠與利益！

想一想，我們每天是多麼幸運地接受「快樂醫生」的免費服務，只要把注意力集中在我們自己所擁有的可靠的財產——

連阿里巴巴所有的寶物也抵不上我自己所擁有的腳掌，你願意以十億元來換走雙眼嗎？你想用什麼來交換雙腳呢？計算一下你的財產吧！那樣你就該明白，即使是把洛克菲勒、福特、摩根三大財閥的所有金塊堆積起來，你也不想賣掉自己擁有的東西。

但是，我們了解這些的真正價值嗎？遺憾的是，我們並不了解。蕭本郝爾曾說「我們幾乎毫不關心自己所擁有的東西，而總是想到所欠缺的東西。」確實，這種傾向更可以說是世上最大的悲劇，所帶來的不幸不亞於歷史上所有的戰爭和疾病所帶來的悲哀。

我的朋友布萊克女士，當她站在悲劇的緊要關頭發抖時，第一次學會不再煩惱自己欠缺的東西，而滿足於自己所擁有的。

我遇見布萊克是在很久以前，正好我們在哥倫比亞大學新聞系學習短篇小說的寫法。她在那九年前住在亞利桑納州時，發生了意外，她的話如下：

我每天目不暇給的忙著，在亞利桑納大學學風琴，也在村子的「說話技巧」才藝教室擔任指導，並在寄宿的威羅爾牧場開音樂鑑賞班。同時也參加派對、跳舞，也曾騎馬夜遊。有一天早上我突然昏倒，因為心臟的關係，醫生說：「一年之內必須在床上絕對安靜的休養。」此外沒有任何能夠恢復元氣之類安慰的話。

要在床上躺一年！說不定會死！我簡直陷入恐怖的慌亂中！為什麼會發生這種事？為何要受這樣的處罰？悲傷的淚水滾滾不斷，我雖然很想反抗，但也只有遵照醫生說的，在床上休養。

住在附近的畫家魯道夫先生鼓勵我：「你大概會想這一年的床上生活是一種悲劇，但並非如此，因為你將有充裕的時間思考，能夠更進一步的認識自己，在精神的成長方面，自現在起的數月間，你對人生的體驗將比你至目前為止所獲得的還要多。」我稍微恢復了鎮定，自此有了新的價值觀，也開始讀那些做為精神糧食的書。

有一天，我聽到收音機裡，不知是誰說的：「人類表現的是其所意識到的。」我覺得好像有很多次聽到類似的話，但是，此時才初次真正觸動心靈底層，並自此扎下了根。

我要自己只思考賦與我生存樂趣的東西，也就是決心只考慮歡樂、幸福及健康。我做到每天早上醒來的同時就想到所有我應該感謝的事，而沒有痛苦的事——是可愛的女孩子的事，眼睛看得到；耳朵聽得見的事。自收音機流洩的美妙的音樂；讀書的時間；好吃的東西；親友的事。我變得完全的快樂。因為探望的人太多了，據說根據醫生的指示探病的人在一定的時間內只容許一個人進入病房。

之後，經過了九年，我一直過著像今天這般充實的生活。即使現在，我仍感謝那一年裡的病床生活。那更是我在亞利桑納度過最珍貴、幸福的一年。每天早上，數著自己受惠之處，這個習慣一直延續到現在，這是我珍貴的財產之一。一直到嚐到接近死亡的恐怖才知道真正的生存意義，我覺得有點慚愧！

很好啊！布萊克女士。妳大概沒注意到，妳所學到的教訓和二百年前強森博士所學到的道理是同樣的。強森博士的話如下：「凡是往好處看的習慣，比年所得一千鎊還有價值！」

請注意，這句話並不是出於公認的樂天主義者之口，而是出於一個度過二十年體驗了不安、飢餓、穿著破爛，而終於成為最有名的作家之一，被認為是古今第一座談名家所說的話。

羅根・史密斯的名言簡潔如下：「人生該達成的目標有二，第一是獲得自己想要的東西，第二是享受那些東西。」在眾人之中，能實行第二點的只有賢者。

如果說即使在廚房洗盤子，也能變成快樂的體驗的話，大概是由於興趣吧！有興趣的話，可以看波基爾多・達爾的名著《我想看》。那必定給你無數的勇氣及感謝，作者是過了五十年如同盲人的日子的女性——

「我只有一隻眼睛，可是它也受了很嚴重的傷，只有從左邊眼角的小縫隙才能看到東西，即使要看書，也必須把書拿近，並拉緊眼睛的肌肉，使眼球儘量靠近左邊。」

但是她討厭別人的同情，拒絕被「區分」。小時候，她喜歡和附近的孩子玩跳房子，但卻看不見記號。於是在其他小孩子回家後，她便趴在地面上尋找那些記號，直到她把自己遊玩的每一個角落都清楚的記清為止。因此，即使在賽跑她也沒有輸過。在家唸書時，因為只能把大鉛字的書拿近自己的眼睛，睫毛因此常常碰到書本。後來她得到明尼蘇達大學的文學士及哥倫比亞大學的文學碩士兩個學位。

她在明尼蘇達州的一個叫捷因巴雷的荒村過著教書生活，最近變成奧加斯達．卡雷基的新聞學和文學教授，她在十三年間除了教書外，也在婦女俱樂部演講關於各種書籍及其作者，並在電台談話。

「在我心裡不斷地潛伏著是否會變成全盲的恐懼，我以一種樂於面對的態度去面對我的人生。」——她這樣寫著。

一九四三年，在她迎接五十二歲時，奇蹟竟發生了，在那有名的梅育診療所的手術，使她獲得四十倍於以前的視力。

以全新的喜悅的心，迎接在她面前展開的世界，連在廚房洗盤子都是一件充滿快樂的事。她這樣寫著：

「我開始玩附在木桶中的白色洗潔劑，把手伸到裡面，捧起小小的泡沫，可以看見在那上面閃耀著無數個小小的美麗的彩虹。」

而從窗外，她觀察到「在紛飛的大雪中，灰色的麻雀振翅飛去。」的生動姿態。

看了洗潔劑的泡沫及振翅飛翔的麻雀而感激至此的她，在書的最後結語寫道：「神啊！」

我小聲的說：「我們的天父，我感謝您！我感謝您！」

趕快感恩吧！因為各位都看得見洗盤子時泡沫中的彩虹，以及雪中振翅飛翔的小麻雀。我們應該對自己感到慚愧，我們住在美麗的國度裡，卻是有眼睛而看不到美麗，因為已經看膩了，便再也感覺不到美麗可愛。

讓自己富有的秘訣是：

不要計算自己有多少缺失，而要計算自己擁有多少。

5發現自我、了解自己

我收到一封信，是住在北卡羅萊那州的奧雷特夫人寄來的，內容如下：

小時候，我非常神經質而且靦腆羞怯。身體胖嘟嘟的，雙頰豐滿，總之，看起來就是個胖小子。母親是舊式的婦女，對服裝的品味有些迂腐。她的口頭禪是「大的衣服可以穿，小的衣服容易破。因此這就成了我改變以前的服裝準則。

我從未參加過舞會，也沒有任何快樂的回憶。上學的結果是沒有辦法和大家一起郊遊，甚至一起運動。我內向得簡直是有點病態。對於別人來說我是「特別」的、受厭惡的。

我長大後和一位比自己稍長的男人結婚，但是情形並沒有多大改變。我先生的親戚，全是穩重而自信的人。而他們更是無瑕的模範，但一直跟著標準的模範走是行不通的。不管如何努力改變自己，想和他們一樣，對於我來說都是不可能的。

他們越是想把我從自己藏身的殼中拉出來，我就躲得越深。我變得神經質、易怒、逃避朋友。更甚的是連玄關的鈴聲都變得恐怖起來。我注意到那些情形，而另一方面很擔心我先生是否察覺了。於是，我便在他人面前扭曲自己去扮演著好像很快樂的另一個角色。心裡卻很明白那只是演戲而已，從那時起便一直是在充滿著悲慘的想法中度日。最後終於受不了那種鬱悶，覺得再活下去也是浪費生命，而想要自殺。

是什麼改變了這位不幸婦女的一生呢?只不過是偶然的一席話——

「偶然的一席話，改變了我的人生。」那是我的婆婆在談到如何教育自己的孩子時，說了以下的話：「強調不論在何種場合都要把真實的自己表現出來……「要表現得像自己」……這句話正是一個開端!在那一剎那間，我終於了解，造成今日不幸的原因，是鑽進一種自己無法適應的型態中。

在那一夕之間我脫胎換骨了，開始依自己的意志行動，研究自己的個性，努力發現自我，了解自己的優點；並學習根據顏色及體型，挑選適合自己的服裝；積極的交友，加入些同好的圈子中。但是，當我的名字首次被刊在社團名單中時，我仍不免吃了一驚。然而，每次在大家面前談話，我就更增加一份自信。

這是一段漫長的路，但是現在我享有的是以前想像不到的幸福感。在教育自己的孩子之際，也時常將自己從痛苦的經驗中所學到的教訓，說給他們聽。要他們不論在何種場合，都要表現出真實的自己。

若以吉魯博士的論調，所謂表現自己這個問題是：「隨著歷史而成為老問題，和人類生活軌道一樣長。」而壓抑自我更是各種神經病症、精神異常、感情壓抑等的潛在病因。

安傑若・帕多里發表了許多關於兒童教育的著作，他說：「最悲慘的人莫過於捨棄自己的肉體和精神，而想成為其他的人或動物。」

這種意欲成為他人的憧憬，在好萊塢蔓延得格外厲害。好萊塢的名導演薩姆・瓦特教導其有野心的年輕演員磨練自我，而他說這比任何事都困難。因為他們全想成為第二個拉娜・透娜及克拉克・蓋博。「大眾已經熟知其中的趣味了，這次他們期待的是，另一種不同的品味。」

薩姆瓦特費盡唇舌不斷地想說服他們認清這個事實。瓦特在擔任《契普斯老師再見》、《鐘聲為誰響》等影片導演前，有幾年是以不動產買賣為生的，對於推銷的訣竅頗有心得。他斷言不論在商場或電影界，原理是相同的——模仿是行不通的。千萬不要變得像隻學舌的鸚鵡。薩姆瓦特說：「根據我的經驗，最好的做法是，儘早把虛有其表的人開除。」

保羅是石油公司的重要人事主管，我們聽聽他認為求職者所犯的最大錯誤是什麼？經過他面試的求職者約有六萬人之多，他並著有《獲得工作的六個方法》一書。他的回答如下：

「求職者所犯的最大錯誤就是抹殺了自我。他們應該放輕鬆，以坦率的態度面對事情，然而他們卻總是以迎合對方的方式作答。」但這是沒用的。因為任何人都不喜歡偽造品，如同沒有人想要偽鈔。

心理學者威廉・詹姆斯所謂的「普通人只能發揮其潛在能力的百分之

十」，是就無法發揮自我的人而說的。他說：「和我們原來該有的實力比起來，大約不超過一半是在自覺的狀態。我們所利用到的，不論肉體上或精神上的，均只是本身資源的極小部分而已。大體上說來，人類大多生活於這種自限中，他雖擁有種種能力，卻總是沒有將它發揮出來的決心。」

包括我在內的每個人都有這種能力，因此，不要因為自己和他人不同而悲觀。你是這個世界上唯一的獨立個體。自開天闢地以來，以至將來，絕不會出現和你完全相同的人的。

若根據新的遺傳科學，所謂「你」的存在是接受了父親給予的二十四個染色體和母親所給予的二十四個染色體，兩者結合而成的，此外別無其他東西。這四十八個染色體中，含有決定你所繼承的資質。各個染色體中「有數十到數百個遺傳基因，有時候只要一個遺傳基因，就會使整個人的人生完全改變。」艾莫賴莫・雪因菲特有如上的說法。

的確，我們是「非常獨特的」產物。你的雙親相遇而結婚後，所謂的你被生下來的機率只有三百萬億分之一。換言之，即使你有三百萬億之多的兄弟姊妹，也每一個都和你不一樣。而這是推測的吧？不是的！這是科學上的事實。

若想知道得更詳細，可以讀艾莫賴莫・雪因菲特所著的《遺傳與你》一書。

關於實現自我這個問題，我確信自己可以談論，因為這正是我本身深切的感受。像那樣的言論知道得很多，也自痛苦的經驗中學到不少。

舉例來說：我自密蘇里的玉米田初次來到紐約，進入「美國職業劇校」，志在成為演員。我首先研究當代名伶約翰・道爾、渥爾達・哈姆汀、歐迪斯・史基奈等人如何學習到本身的才藝，然後我想如果把他們每一個人的長處都模仿來的話，那不就會出現具有所有名人的才藝的「我」了嗎？然而這是多麼愚蠢的事，而且糊塗透頂。就這樣我這密蘇里的頑固腦袋，不知浪費了多少黃金年華去模仿他人，直到痛切的感覺到絕不可能變成別人之後，才算找回了自己。

有了這個悲痛的經驗後，當然應該是學到了難以忘懷的教訓，但事實並非如此。我是多麼遲鈍啊！過了數年，我構思要寫一本關於業務員說話技巧的書，而且決心要使他成為空前的名著。而我在執筆之際，便重蹈覆轍地犯了和演戲相同的愚行。我借用各個作家觀念，將之集成一冊——可以說是網羅了全部資料的一本書。

那時我搜購了數十本有關說話技巧的書，並以一年的時間將書中的觀念整理成稿。然而，不久後我便再次發覺到自己的愚昧，我蒐集他人思想而成的書，既不自然，又沒趣味，也無法使業務員對它有興趣。

於是，我把一年來的作品丟入紙屑簍裡，決心重寫，這次我告訴自己：「不論寫得好壞，充其量你也只能成為戴爾·卡內基，你不能變成自己以外的人！」就這樣，決心不想成為他人合成品的我，努力奮起，開始按部就班的著手，就自己本身的經驗、觀察、以及在人前演說或教授說話術的自信篤定為基礎，寫成關於說話技巧的書。

我所學到的足以當精神糧食的教訓，正和王爾德所學相同（**他與一九〇四年成為牛津大學英文教授的人同名**）。據他所述：「我無法寫出可以與莎士比亞匹敵的長篇鉅作，但卻可以寫出我自己的書。」

查理·卓別林剛出任電影製作時，導演所委任的所有電影工作同仁，一致聯合反對卓別林，他們主張他應該模仿當時頗得人緣的德國喜劇演員。結果查理·卓別林卻以他個人的表演方式而獲得影迷的推崇。

鮑伯·霍伯也有同樣的經驗。他在從事多年的歌舞劇表演後，結局是沒沒無名，此後他開始了具有自己獨特風格的警句漫談。以威廉·羅傑茲來說，他曾經只是沈默的操作鋼索者，其後發現了自己天生的幽默的獨特風格，在操縱鋼索的同時談笑自若，結果終以喜劇聞名。

人生在世，應對自己負什麼責任呢？應該是使它充滿歡欣，對上天賦予我們的善加利用。你所吟誦的是自己的歌，你所描繪的一定是你自己的畫。你應該是你個人的經驗、環境、遺傳所結合而成的作品。不管好或壞都要在所謂人生的交響樂團中演奏你自己的小樂器。

愛默生在其隨筆《獨立自主》中說道：「不論任何人在接受教育的過程中，一定會經歷過『嫉妒是無知的，模仿是自殺行為』的時期。不論那是多麼慘痛的教訓，都要當成是上天給我智慧的一種歷練，況且最富含營養的是在一畝容許耕作的土地上，投注自己的辛勞而初次獲得的穀物。人體內的潛能本來就是新奇的，知道自己能做什麼的人，除自己之外別無他人，但也只有自己嘗試之後才會知道。」

把我們從煩惱中解放出來，培養平靜及自由的心，就要遵守以下的鐵則：**不要仿效他人，要發現自我，實現自我。**

6 檸檬的效用

寫這本書的時候，我曾走訪芝加哥大學，和某大學校長談到該如何消除憂慮，他回答：「我記取實驗家朱里雅斯．羅傑所說的：『酸的檸檬在手，就把它榨成檸檬汁呀！』」（**注：檸檬在此是不愉快的意思。**）

這就是偉大教育家所採取的方法。當愚者知道檸檬是他們一生的附贈品時，便垂頭喪氣的說：「我輸了，都是命，我又能如何呢？」然後是一連串的抱怨、自憐。而賢者碰到問題，總是先自問：「從這不幸中我學得了什麼教訓？該如何才可使情勢好轉？該如何才能使手中的酸檸檬轉變成甜的檸檬汁？」

一生致力研究人類內在潛能的偉大心理學家阿佛烈．阿德勒發現了人類有個令人驚訝的潛力，那就是「扭轉乾坤」的能力。

哈利．霍斯迪克說：「幸福不是物質的享受，而是一種勝利的喜悅。」

將檸檬轉換成檸檬汁的那種成就感，就是一種征服的喜悅！

我不斷地在美國各地巡迴旅行，所以常能碰到許多「扭轉乾坤，化險為夷」的人。

《背叛上帝的十二個人》的作者威廉．巴力斯曾說：「生命中最重要的事，不是利用你所擁有的，任何傻子都會這麼做；而是要從失敗、損失中獲取教訓，因為這需要智慧。當然，這也正是智者與愚者間最大的分野。」

這是巴力斯在一次車禍斷腿後說的，但我認識的賓．佛爾斯頓，縱使他在失去雙腿後，仍然能夠樂觀地面對生活而轉敗為勝。

那是在一個旅館裡，當我正要進電梯時，看見一個失去雙腿卻神情愉快坐在輪椅上的人靠在電梯角落旁。電梯升到他那一樓時，我問道：「我是不是該站在左邊點，你出去才比較方便？」他回答：「真不好意思，麻煩你了！」然後，臉上掛滿笑容地離去。

我回到自己的寢室，無法忘懷那個快活的殘障者，於是決定去找他聊聊。

他微笑著開始敘述：「那是一九二九年的事了。當時為了找些木頭來支撐庭院裡的豆藤，便去砍胡桃樹。砍好的木頭堆放車上，歸途有一根木頭滑落，我不幸被它擊中，背骨受傷，雙腿也麻痺了，當時才二十四歲，卻從此再也無法行走了！」

僅僅二十四歲，便要終生坐在輪椅上！問他如何克服這個變故，他說：「不，開始時我並不勇敢，無法接受這個惡運，不斷地咀咒命運。但是幾年的反抗、咀咒，發現那只是使自己更加痛苦罷了！最後，我體會了人們的親切與仁慈，於是覺得自己至少也該以親切與、關懷去回報。」

從變故的打擊和悲憤中重新出發，他找到另一個新世界——開始讀精湛的文學作品並迷上文學，十四年間，至少讀了一千六百冊書。

博覽群書之後，使他對政治產生興趣，除了研究公關問題，同時還四處演說，逐漸交遊廣闊，名字也漸為人知，如今依舊坐在輪椅上，但卻已是喬治亞州家喻戶曉的公關秘書了。

在紐約從事多年的成人教育，我發現大部分的成年人都為了沒有進過大學而遺憾，他們認為那是一種缺陷，但我卻不這麼想，因為有成千上萬的成功者是連高中都沒有上過的。所以我經常告訴他們一個故事：

有個貧苦的小孩沒有錢為父親辦理喪事，親朋們便籌錢為他買了個棺材，才能勉強料理後事。而母親則每天在雨傘工廠工作十小時，下班後還帶副業回家，直到晚上十一點才上床休息。貧困的環境使男孩無力負擔各種費用，因此，他藉著教堂的戲劇俱樂部來訓練自己的口才與風度。這使他展開了政治的發展，三十歲時當選紐約州議員。

他坦白告訴我，那時他對議會的運作一無所知，他愈想研究就覺艱澀難懂。頹喪之餘，他幾乎想退出議會。若非母親的鼓勵，他根本待不下去。失望中，他決心每天花十六個小時研究，這樣的努力終於使他嶄露頭角，不僅在州內鋒頭十足，聲名更傳遍了國內，《紐約時報》曾讚美他為「紐約最受人愛戴的市民」——上面說的就是艾爾・史密斯。

艾爾・史密斯經過十年的自修苦讀後，成為紐約州政府中的顧問，後來連任四次紐約市長，那是個空前的記錄。一九二八年他被提名為民主黨的總統候選人，六所大學——包括哥倫比亞與哈佛大學都頒贈給他榮譽學位。

尼采對超人的定義——「不僅要忍耐貧窮困乏，還要能愛它才是超人！」

愈是探討成功者的成功之道，我愈確信一點：他們之所以成功，是由於能轉阻力為助力。

威廉‧詹姆斯也說：「許多被稱為有害的東西，往往有助於煩惱者從憂慮疑懼轉為積極奮鬥，所以那些東西其實是一帖有效的強心劑。」

愛默生在他所著《洞察力》中說：

「北歐有一句諺語：『冷冽的北風，造就了『北極海盜』這亦可看成是人生的一記警鐘呀！安全舒適的生活不見得就能使人永遠幸福。一個自怨自憐的人，即使他正躺在柔軟的床鋪上，恐怕他也快樂不起來，歷史告訴我們，人們若能自己負起責任，則不管環境好壞，都可以培養出堅忍不屈的剛毅性格，幸福也必定跟著來，這也就是為什麼北風造就了北歐海盜的道理。」

如果我們對未來充滿悲觀、缺乏希望時，至少應該有兩個理由再支持我們去嘗試、去改進。

所以，想培養健康的人生態度，為自己帶來平靜與快樂的話，不要忘了——當命運交給你一粒酸檸檬時，讓我們努力把它變成一杯可口的檸檬汁。

7 治癒憂鬱症

執筆本書期間，我提供了兩百塊的獎金，想徵一篇《我如何克服憂慮》的經驗談之類的短文。

評審委員是東方航空公司的董事長、林肯大學的校長以及新聞播報員。但因其中兩篇傑作十分感人，難分軒輊，所以便決定平分獎金。其中一篇是C・巴頓的作品，在此加以介紹——

我九歲失去母親，十三歲喪父。和父親是死別，而母親是在十九年前離家出走的，從此，再也沒有看過母親及隨母親離去的兩個妹妹。母親離家七年後第一次寄信回來，父親在她離開後三年去逝。父親和某個男子合夥在密蘇里州的小鎮經營咖啡館。後來父親因業務關係出差在外，而該合夥人卻乘機賣掉咖啡店捲款逃走，朋友打電報通知父親，父親急忙趕回，就在歸途中車禍喪生。

兩位都已上了年紀又病弱的姑媽窮得自身難保。於是，我和弟弟只好留在鎮上的孤兒院。不久因孤兒院無力再繼續撫養我們，接著我被送給鎮外十九里遠農場的洛夫帝夫婦收養。洛夫帝是七十歲的病人，他要我：「不可說謊，不可偷竊，要遵守諾言。」這三件事我一直奉為守則，小心翼翼地遵守著。後來上學最初幾個禮拜都像嬰孩一樣哭著回來，其他小孩嘲笑我是沒有父母的孤兒，雖然生氣得想和他們好好打一場架，但洛夫帝先生把我叫到床邊，親切地對我說：「記著，真正偉大的人是能容忍的，而不是好勇鬥狠、意氣用事！」從那天起，我再也沒有和任何一個小孩打架。

洛夫帝太太替我買了一頂新帽子，我把它當成寶貝，生怕弄污了它。但有一天一個女孩搶走了它，盛滿泥和水，把整頂帽子都弄糟了。

我從不在學校掉淚，而回家後卻常矇在被子裡哭。一天，洛夫帝太太把我叫到房間，教我如何化解憂慮煩惱，將敵人變成朋友。她說：「如果你能對他們表示友善或為他們做些什麼事，他們就不會再嘲弄你、欺負你了。」

我聽從她的勸告，努力用功，後來成為班上的模範生，但他們並沒有嫉妒我，因為我總是熱心地幫助他們。

我教他們做數學、寫論文，其中一個傢伙還不好意思讓別人知道我幫助他。所以，他每次都告訴他媽媽是出去打獵，實際上是跑到洛夫帝太太家，要我幫他做功課。

那時附近發生了變故，有兩個年紀較大的農夫去世，其中一個留下了妻兒，而我是農場中唯一的男孩，因此，義不容辭地為他們服務。每天上、下學經過她們家時，我都停留一會兒，幫她們劈材、擠牛奶、餵豬……這使以後我每次回鄉時，都會有許多朋友大老遠跑來來看我、問候我，只因他們由衷懷念我，因為我曾那麼熱忱的幫助過他們。整整有十三年，沒有人再叫我「沒有人要的小孩」，我是多麼快活啊！

「巴頓萬歲！」他懂得結交朋友的方法，更懂得如何克服煩惱做個快樂的人。

心理學家阿弗列•亞多拉對憂鬱症患者都下一樣的處方，照著這個處方，即可在二個禮拜痊癒。

所謂「憂鬱症」，就是長期累積憤怒與譴責。患者會為自己的罪惡，感到沮喪而要求別的同情、保護與支持。

病人們有以自殺做為報復自己手段的傾向，而醫生的關懷往往可以緩和他們自殺的念頭。所以，治療的第一步就是告訴他們：「**不要做任何你不喜歡做的事情**」，這聽起來很尋常，但卻是問題的關鍵。如果一個憂鬱症患者能隨心所欲、為所欲為，那麼他還有什麼好抱怨的？還有什麼好報復自己的？我告訴他們：「如果你想去度假或是看電影，就去；如果半途又不想去，就回來。」讓他們像上帝可以主宰自己的世界。

可是，病人常常會說：「但是世界上好像沒有什麼我喜歡做的事情。」這種話聽多了，我早就準備好了答話：「那就不要勉強自己做不喜歡的事。」有時病人會說：「我真想整天躺在床上。」我知道如果我表示同意，他就反而不想那麼做；如果我表示反對，他就愈想那麼做，所以，我總是點點頭，默許他的看法。

那是第一步，第二步就是告訴他們：「如果你要在十四天之內，治好自己的憂鬱症，那就要服用『時時想著如何為別人帶來快樂』的藥方。」有些病人會說：「我又沒有欠他們。」有些則會說：「這簡單呀，我一直都在這麼做。」其實他根本沒有這麼做，要求他思索這句話，他也當做耳邊風。我告訴他：「當你睡不著覺時就思量這句話，對你的健康會有幫助的。」第二天我就試著問：「你是否照著我的建議去做了？」有時他會說：「昨晚我一上床就睡著了。」這是比較好的情況。

有些還會回答我：「無論如何努力還是一樣煩惱啊！」

「但總可以撥出一點時間去關懷別人的事吧？」我總是滿懷希望的幫助他們，可是也有這麼說的：「為什麼要我去讓他人高興？為什麼不叫那些傢伙來關心我？」我回答：「為了你的健康呀！」實際上很少患者會真正去思考這個忠告。

雜貨店的小店員、大清早的送報童、街角的擦鞋童……他們也都是人，一樣懷有他們的夢想、野心、煩惱與快樂……他們也期望別人能分享他們的情感世界，但你可曾關懷過他們？這就是我所想表達的意思。並非要你成為社會改革家，而是要你發自內心的去表達一份真誠的關切！

這對你有什麼好處嗎？當然有，這會帶給你快樂、滿足與自豪。

富蘭克林以一句最簡單的話做了結語：「**當你關懷別人、幫助別人時，**

也就等於是在幫助自己、為自己謀福。」

因此，驅逐煩惱、追求幸福快樂的第七個法則是：

關懷他人，每天讓周遭的人，如沐春陽般充滿歡笑。

摘要　培養安詳、幸福生活態度的七個方法：

1.將我們的心靈充滿和平、勇氣、健康、與希望。因「我們的人生取決於我們的思考與態度。」

2.不要試圖報復敵人，因為這麼做，對自己造成的傷害遠勝於給敵人的傷害，所以，請學學艾森豪將軍，不要浪費時間在仇恨上，即使是一秒鐘。

3.別介意他人的忘恩負義，更不可期望他人的回報。當你付出時，你已獲得了快樂。

4.別儘數著所失去的，而應該看看所獲得的！

5.儘量別模仿他人，羨慕他人，要做一個獨一無二的真我，因「嫉妒是無知的表現，模仿是自殺的行為。」

6.當命運之神給了我們酸檸檬時，要努力把它調製成甜的檸檬汁。

7.忘掉己身的不幸，試著努力為他人創造快樂。「當你全心全意關懷他人時，反而會使你得到最珍貴的幸福與滿足。」

「第三部
幸福特效藥」

1 信仰的力量

威廉．詹姆斯在哈佛大學擔任心理學教授時，曾說：「治療煩惱的最佳良藥，就是虔誠的宗教信仰。」

雖然沒到哈佛大學修心理學，但我的母親在密蘇里農場找到了這個真理，不論洪水、債務、災難都無法屈服她、使她悲觀。

母親一直希望我的一生能奉獻給宗教事業，我也曾認真的考慮過成為一個神職人員，但進了大學，我研究生物、科學、宗教、哲學與比較宗教方面的知識後，逐漸懷疑家鄉小鎮中的一些偏狹見解，內心充滿疑惑。像華爾特．霍曼一樣覺得「內心許多奇怪的疑問，頓時出奇不意地抬起頭。」

該相信什麼呢？人生的漫無目標使我停止了禱告的習慣，完全變成一個無神論者，並認為人類並不比地球上兩億年前爬行著的恐龍進化到哪兒去，不認為人類還有比恐龍還要神聖的目標，相信人類總有一天也要和恐龍一樣終至滅亡。科學研究指出，太陽逐漸冷卻，假如溫度降低到百分之十，地球上的生命恐怕無法生存。此外，我還嘲笑神依其形象創造人類的觀念，而堅信在黑冷的外太空運轉不輟的恆星，是超乎人類智慧所理解的力量所製造出來的。不，也許不是被創造出來的，也許像時間和空間一樣是劫後餘生的東西吧！

——以上的疑問，我至今仍未找到答案。沒有人能夠理解宇宙與生命的奧秘。不解的事物太多了，人的身體機能、你家的電燈、牆縫掙扎出來的花、窗外的綠草地，無一不奇妙，通用汽車公司研究所的天才指導者查理·凱特林格甚至撥出三萬美元的獎金徵求「為什麼草是綠色？」的答案。他認為如果知道草是如何將陽光、水、二氧化碳轉換成養分的話，人類文明就能更邁前一步。

我們不能因為不了解自己的身體和電力及瓦斯能源的奧秘，就無法有效的利用它。即便不理解祈禱及宗教的神秘，也能因信仰而過著快樂的、豐富的、幸福的生活。我頗能了解桑達亞娜所說的：「人類不是為了理解人生而來的，而是為了享受人生而來的。」

時下新的宗教觀念非常進步，但我對宗教的區別極不感興趣。我所關心的是「宗教能給我什麼？」就如同給我電、給我美食、給我水一樣的有興趣。這些東西固然帶給我充實、滿足的人生，但是宗教可以給我更多的幸福，就像威廉・詹姆斯所說的一樣：「你可以得到人生的熱忱，而且是更充實、更偉大、更豐富、更滿足的人生熱忱。」

宗教可以給我信念、希望和勇氣，讓我們消除心頭的緊張、不安、恐懼、煩惱，也可以帶給我人生的啟示，也能指引我進取的方向。由於宗教的存在，我就像「在人生的沙漠中，找到一塊平安的綠洲。」用自己的力量創造出一些東西來。

英國哲學家培根在三百五十年前就說：「膚淺的哲學，把人心導向無神論；深奧的哲學，卻將人心導向宗教裡去。」

以前曾有宗教和科學是對立的說法，而結果呢？精神醫學——這門最新科學所宣揚的，不正是當年耶穌用以昭告世人的教義嗎？為什麼呢？因為禱告和堅定的宗教信仰，可以消除精神的緊張不安與恐懼。就如布力爾博士所說：「虔誠信仰宗教的人，不會患精神症病。」

如果否定宗教，人生就變得毫無意義——不過是場悲哀的鬧劇罷了。

亨利・福特逝世前，我曾拜訪過他。在我想像中，他這個世界數一數二的大企業家，必定滿面歲月的刻痕及風霜。但是令我驚訝的，七十八歲的他依然沈著、硬朗及溫和。我問他難道不曾煩惱嗎？他回答：「沒有呀！什麼事都有神在安排著，祂也不需要我的意見，祂使一切各得其所，只要敬仰祂，一切可以得到最好的結果，我又何必杞人憂天！」

當今的精神醫學家可說成了新的福音的傳道者了，他們不是勸我們善用今生、避免來生的審判，而是勸我們享受今生，而避免這輩子的地獄之苦——胃潰瘍、狹心症、神經衰弱、瘋狂，所以要皈依宗教。

確實，基督教使人積極與健康——我來此是為了讓羔羊得到生命，得到豐富的生活。當時基督教被責難是沒有生命、沒有意義的徒具形式的儀式。而基督是個叛逆者，他遊走各國倡導新宗教——孕育推翻的危險宗教。他最後也因此被釘在十字架上。他解釋，宗教是為了人類而設立的，而非人類為安息日而被創造。耶穌認為錯誤的恐怖是罪惡，也就是違反健康的罪，違反基督教極力強調更豐富、更幸福、更有勇氣的人生的罪。

愛默生自稱是「懂得快樂」的專家，那麼耶穌也該被稱為「快樂科學」的教師。他要他的信徒們：「快樂及滿心喜悅。」

基督教主要有兩個大教義：一個是全心愛主，另一個則是愛人如己。能這樣實踐的便是宗教家。像我的岳父亨利・普萊斯便是這樣的人。他雖不進教堂，自稱是無神論者，但他奉基督教的金科玉律為生活信條，絕不做卑劣、自私自利、不正當的事。

那麼，到底所謂「基督徒」又是如何呢？

讓我們聽聽典型的見解——愛丁堡大學的神學教授約翰・貝力說：「所謂基督徒，並不是接受某一個知性的觀念，或信奉某一個規律便是了，而是保有一個共同的『精神狀態』及過某一種同樣型態的『生活』。」

如果這是作為基督徒的條件，那麼我岳父無疑是個了不起的基督徒了！

在美國平均三十五分鐘有一個人自殺，每一百二十秒就有人發狂。如果這些人能從宗教的信仰與祈禱中找到平安與慰藉，相信必能減少許多人間悲劇。

現代最優秀的精神分析學者容格博士在其《探索靈魂的現代人》著作中

提到：「過去三十年間，我診察了來自世界各地文明國家的病人，他們大多超過卅五歲，可說是步上人生的第二個階段了。但依我的觀察與經驗來看，他們的問題是缺乏心理的平靜，換句話說，是缺乏宗教的寄託，如果沒有宗教的撫慰，病情恐怕永遠也難以改善。」

這些話真是一針見血，因此，我願意再重複一次。

釋迦牟尼之後，印度最偉大的領袖甘地，也是藉著祈禱的力量而鼓舞了自己。因為他自己曾說：「如果不是禱告賜給我力量，我恐怕早就發狂了。」

好多人都能印證這個事實。就如我前面提過的，家父也因母親堅定的信仰與樂觀的祈禱，而獲得活下去的力量。當今神經病院許多受苦哀號的靈魂，若知道把一切交託萬能的上帝，而不要獨自孤立無援的掙扎，則他們將不再飽受痛苦的煎熬。

被苦難逼得走投無路時，我們大多會絕望地依賴神，所謂：「在戰場的戰壕中，沒有無神論者。」

然而，為什麼要爭到最後呢？為什麼要拖延到星期日才與上帝接近，幾年來我就經常利用週末午後到無人的教堂去反省、默禱。

當痛苦鬱悶壓得我透不過氣時，我就告訴自己：「戴爾！為什麼不立刻消除你心中的積鬱？」這時我便會到教堂去祈禱。也許我們再過三十年便會死，然而宗教偉大的真理卻永遠不朽。闔眼祈禱，情緒便漸漸穩定下來，思緒也慢慢條理分明，對於人生有了更明確的判斷。

世人總把宗教視為婦人、兒童及傳教者的專利品，他們自認為是一個能以自己的力量去和生命搏鬥的「強人」。

如果你知道世上很多有名的「強人」也在祈禱的話，大概會很驚訝。比如傑克森・田普賽就曾親口說：「不論是就寢前、進餐前，或比賽前，我總是要祈禱，因為禱告給予我勇氣和信心，會幫助我奮鬥到底。」

另一個「強人」康尼・麥克告訴我，每晚若不祈禱就無法入睡。

「強人」艾迪・雷肯克堅信自己的人生是因祈禱而得救的。

「強人」大富豪摩根星期六下午常常到華爾街角的特利尼教堂祈禱。

「強人」艾森豪總統被派往英國擔任指揮官時，身上只帶了一本書——聖經。

「強人」烏克・克拉將軍也曾告訴我，他在戰時每天必讀聖經及祈禱。

蔣介石、蒙哥馬利、納爾遜、華盛頓、李將軍、傑弗遜等大部分的將領都有這種禱告的習慣。

這些世界上的「強人」，都領悟了詹姆斯博士所揭示的真理：「人和神的關係是密切的，如果把自己交給神，就能得到一個豐富的生命。」

許多人逐漸領悟到這個真理。美國的教會會員多達七千二百萬人，是空前的記錄。就如前述，科學家也皈依宗教。曾獲諾貝爾獎的法國生理學家卡雷爾說——

「祈禱是人類所產生出最強的能源。它與地心引力一樣，是有一股力量存在的。做為一名醫師的我，在許多人已病入膏肓，而所有的治療方法都宣告失敗時，我看到由所謂的祈禱那種嚴肅的努力，而挽救了疾病和憂鬱的例子……祈禱就如日光般地，自己發出亮光……人類因祈禱引發出無限的精力，也因而增加了自己原本有限的能源。

「祈禱時，我們就和使宇宙迴轉的無限原動力相結合，所以我們要祈禱這一部分的能量降臨在我們的身上，使人類的欠缺獲得填補、使其增強、獲得醫治。在熱誠的祈禱中，不管肉體或精神都能迅速回復，即使只是一時間的祈禱，也一定能使人獲得一些好的結果。」

前面提過伯德華將軍，被困在南極冰穴裡時，是什麼拯救了他的生命？有一天在絕望之餘，他拿出日記想寫下自己的人生哲學，他寫道：「人在宇宙間並不孤獨……」他想到天上的星星，仍然循著軌道運轉不息，星座的閃爍，太陽也永遠照耀在荒涼的南極一角。於是他又在日記本上寫道：「所以，我絕不孤獨！」

即是被困於杳無人煙的冰穴中也不覺得孤獨的，伯德華將軍得救了——「這個道理使我得以突破危機，極少數的人被迫用光體內所積蓄的資源；而大部分的人所積存的資源都是無限的，可以取之不盡、用之不竭。」將軍深知取用這些資源是經由——祈禱——而取得的。

葛雷・阿諾魯德在伊利諾州的玉米田中領悟了同樣的道理。身為某保險公司的經紀人的阿諾魯德談起克服憂慮的經驗：

「八年前我想一切都完了，鎖上大門，開著車就直奔河邊去。當時我是個徹底的失敗者，我的整個世界都崩潰了，經營的電氣行生意欠佳、母親過世、妻子懷著第二個孩子、欠醫生的醫藥費有增無減……於是由事業開始，車子、家具……所有的東西都抵押殆盡，已到求救無門的絕境，因此開著車子往河邊去。

「開了幾哩路，我把車子停在路旁，坐在地上像個孩子般悲傷得哭了起來。哭後心情平靜許多，開始冷靜思考問題——往建設性的方面想去——到底目前情況惡劣到什麼程度？還會再惡化嗎？全無希望了嗎？真的無法扭轉了嗎？

「那時我決心把一切交託給上帝，順從祂的旨意。我開始虔誠祈禱。結果，不可思議的事發生了——一切將所有的問題託付給萬能的上帝之後，整個心情突然重享幾個月來未曾有過的安詳與平和。我在那兒哭了半小時後，就返身回家去了，當晚我像嬰兒般安然入睡。

「第二天早上張開眼睛，同時也產生了自信。已經沒有什麼可怕的事了，只因一切已託付了神。我以沈著冷靜的態度走向街上的百貨公司，以信心十足的態度去應徵電氣銷售員，且如願獲得了工作，直到電氣公司經商場戰爭而解散後，我才投入保險事業。不過五年時間，不但償清所有債務，連家裡的設備、裝潢也都煥然一新。此外，我還有三個健康、可愛的孩子和二萬元的存款。

「回顧當時，還真感謝那一場困境，因為它讓我認識了上帝，並因此擁有以前從未夢想的平和與自信。」

為何宗教能夠帶給人如此平和、沈著、不屈不撓的精神呢？

威廉・詹姆斯回答：「海面上雖是驚濤駭浪，但在大洋深處卻是平靜無波。以高瞻遠矚的眼光來眺望現實世界，你將覺得個人不斷浮沈的波瀾顯得多麼渺小且無意義，於是不管外在的風雨如何多變，他的心海依舊平靜無波瀾。」

如果我們感到不安與憂慮，求助神吧！

如康德所說：「接受上帝吧，因為我們需要這種信仰。」

即使你不是教徒，禱告也能對你產生意料不到的幫助，所謂「實際」是什麼？不論你相不相信神，它都能滿足一般人，共同的三個非常基本的欲望——

1. 藉著禱告可以讓我們把心裡的困擾以具體的言語表達出來。如果一個問題曖昧不明，那根本就談不上解決。而禱告是一字一句的唸出來，好像是把問題寫在紙上一般，即使是求助於萬能的神，也必須把問題說得清清楚楚，這樣上帝才能幫助你，解決你的問題。

2.禱告可以卸下我們心頭的負擔。一個人無力承擔所有的重荷，然而有時問題又是難於向親朋好友啟齒的，所以只好向上帝傾訴。一些心理治療者也告訴我們，要把憂鬱向別人吐露，才有利於健康，如果我們沒有人可傾訴時，何不找上帝呢？祂是人類最親密的朋友、最慈藹的撫慰者。

3.禱告可以把消極的被動轉變成積極的行動，可以說是邁向目標的第一步。

世界有名的科學家艾力克斯・卡爾就曾說：「禱告是人類所能運用的最有力的資源。」既然如此，何不善加利用呢？

為什麼不馬上試試看？現在就闔上書本，走回臥房，跪在床前，合併雙手來解除心裡的負擔吧！

2名人怕爆料

一九二九年轟動全美教育界的事件爆發，使全國的學者蜂擁至芝加哥一探事件的真相。在那數年前，有位叫羅伯特•哈濟斯的貧苦學生畢業於艾爾大學，但是他以做雜工、砍伐木材的搬運工人、家庭教師、曬衣繩的推銷員等等來賺取生活費。

之後才八年，他竟就任美國著名大學排名第四位的芝加哥大學的校長，年紀才三十歲！年長的教育界人士大搖其頭，喧囂的責難紛紛指向這個「神童」——他太年輕、沒經驗、教育觀偏頗等等，甚至報紙也是同樣的論調。

就職典禮當天，一位朋友告訴羅伯特•哈濟斯的父親：「我看了今天早上的社論之後，很憤慨他們攻擊你的兒子。」

「確實，他們攻擊得很厲害，但是，沒有人會踢一條已死的狗吧！」老哈濟斯如此回答。

確實如此，所以，狗如果越大，人們把牠踢飛就會有越大的滿足感。

英國的皇太子（**後來的愛德華・溫莎公爵**）年輕時已經知道這個事實。當時，皇太子是迪蒙梭的達特邁斯・卡雷基（**相當於美國阿納波利斯的海軍軍官學校**）的學生，年十四歲。有一天，一位海軍軍官發現他在哭，就詢問其原因，起初沒有得到回答。再問時，他回答說被候補學生用腳踢。於是，校長召集所有候補學生，說明皇太子沒有任何怨言，只想知道為何只有他一個人受到這種對待。

此時傳來一陣不想說話的咳嗽聲、踏地板的聲音，最後那些候補學生說，以後當他們成為英國海軍的司令官及艦長時，就可以說一些像——「我，以前曾經踢過國王呢……」之類的豪語，以壯大自己的虛榮的話。

因此，要記得被踢、被責難時，往往是由於對方想以那些行為來滿足一下優越感。那每每意味著你在某方面的成就足以引來他人的眼紅。世間有很多人，是以中傷教育程度比自己高或成功者以滿足自己野蠻的虛榮心的。

例如，我執筆本章時，收到一位女性的來信，信中責難救世軍的創始者威利阿姆・布斯。我曾在廣播中讚美布斯上將，但這位女士卻寫著布斯上將貪污了為救濟貧民而募集的八百萬美元。

這個告發完全是無稽之談，而這位女士也沒有尋求真相，她只是從責難遠比自己偉大的人的行為中獲得一種滿足感。我把這充滿惡意的信扔進垃圾桶中，並慶幸自己不是她的丈夫。她的信上並沒有關於布斯上將的任何一點真相，倒是清清楚楚的暴露了她自己的心胸狹隘。郝華艾爾曾說：「低俗的人對於偉人的缺點或愚行，都感到非常高興。」

應該沒有人會認為艾爾大學的校長是低俗的人。但是，原任校長迪摩西・德華特似乎對某位提名為美國總統候選人的大受責難而感到高興。這位大學的校長甚至警告說：「如果他當選總統的話，我們的妻子、女兒就會變成賣春制度下的犧牲者，會受到很大的侮辱，並使她們墮胎、優雅及道德盡失、人神共憤。」

這是在漫罵還是演講呢？我看倒是對傑弗遜的無理彈劾哩！獨立宣言的起草者，也該說是民主主義守護的傑弗遜，難道應當受到這種傷害嗎？

曾被毀謗為「偽善者」與「騙子」的美國人到底是誰呢？根據報紙的漫畫，他被架上斷頭台，巨大的刀斧要將他的頭砍下，當他被帶回市區時，被群眾的叫罵聲所籠罩，這個人是誰？除了喬治・華盛頓之外別無他人。但那些都是以前的事了，文明的今日，人性應該比當時高尚了吧！

再以皮爾利司令官為例，他是一九〇九年四月六日，率領狗群到達北極而震驚世界的探險家。為了達到這個目標，幾世紀以來，勇敢的人和苦難及飢餓奮鬥，甚至失去生命。皮爾利本身也因為寒冷和飢餓而差一點喪生，腳上有八隻腳趾由於嚴重的凍傷而切斷，重重的困難使他差點發瘋。

那倒還無妨，華盛頓的官員們竟敢說皮爾利是為了沾得盛名而如此做。而且他們更責難皮爾利以學術探險為名而為淘金之實，說他「在北極消遙自在」。他們或許真的如此相信。而如果他們真相信的話，叫他們不相信也是不可能的。他們要侮辱皮爾利及阻止其企圖的決心是很頑強的。而由於總統的直接命令，皮爾利才得以繼續極艱辛的北極探險。

當我們因為不當的責難而煩惱時，首要的原則是：

不要忘記，惡毒的責難，往往是被偽裝了的稱讚。

要知道，沒有人會踢已死的狗。

3 只要笑一笑

我有時候和有「假眼睛」或「地獄的惡魔」之稱的巴特拉少將談話。他是一個神采奕奕、精神充沛的美國海軍司令官。

年輕時，他拚命的要贏得人們的注目，希望給每一個人好印象。因此，一被批評，馬上就很敏感。他為此所苦，但是，長達卅年的海軍生活使他變成身經百戰的人。

「我再三的被侮辱、被責罵為懦夫、毒蛇、鼠輩等等。我被這些權威的小人說得一塌糊塗。大概是『假眼睛』把責難結束掉了吧。但是，大部分的人對於別人的嘲笑，壞話都太過在意了。數年前紐約《太陽報》的記者在我的宣傳集會上，想記下關於我及我的工作之諷刺的報導。憤怒嗎？我認為那是對個人的侮辱。我在給《太陽報》社長基爾‧霍契斯的電話中，要求他把事實真相揭在報上，我要那位執筆的記者對這事負起全責。

「我現在對於當時那樣的行為感到不好意思。讀者應該不會看那篇報導，即使看了的人也多半會認為那是一則無傷大雅的笑話，而且一定會在不到幾星期之間就忘掉了。

「現在我知道一般人，對於他人的事不會太在意，而且對於批評也能一笑置之。人類不論在早上、晚上、甚至在半夜十二點鐘，只不斷的考慮自己的事。比起他人的死亡，自己輕微的頭痛不知要重要幾千倍呢！

「例如，被欺騙、被出賣、被當傻瓜、背上被刺了一刀，親友之中有人被賣為奴隸，若因此而陷入自怨自憐當中，真是最愚蠢的了。應該想想基督，他最信賴的十二個門人之一，為了相當於現在只有十九美元的賄賂而背叛了他，而另一個也在他遇難時棄他而逃走，甚至還三次發誓說他不認識基督。基督在遭遇這些情況之後卻是心平氣和的原諒這些忘恩負義的人。」

說得明確一點，並不是主張無視於所有的批評，而是不要在意那些偏頗的責難。

林肯沒有因南北戰爭的勞心而倒下，一定是因為他領悟到回答那些針對自己而來的責難是愚笨的。描寫他如何處理責難是寶貴的文學經典作品。麥克阿瑟將軍在戰爭中把那些描寫貼於司令部的桌上。而邱吉爾也在書房的牆壁上，掛著這種內容的匾額，以下便是這段話的內容：

「與其去反駁加諸於我的非難，不如關上辦公室，開始做其他的事。我做的是自己所知道最好的、最應盡心的事，並決心繼續把它完成。而如果最後的結果是好的話，那麼加諸我身上的責難便不是問題，如果最後的結果不好的話，即使有十六位天使為我辯護，也沒有任何用處。」

遭受指責時，想想這個鐵則：

盡一己之力，然後撐起傘，別讓責難之雨給淋傷了。

4 沒有人不會犯錯

對於我所犯的愚蠢行為，我都一一記錄。有時是請秘書幫忙謄清，至於特別恥於告人的蠢行則自己記錄。一方面存為資料，一方面也算是發洩。因此，自己十五年前所做的蠢事，仍然歷歷如繪。

這些誠實的記錄，幫我了解自己，並知道該如何處理問題。老實說，我的櫥子裡擺滿了這樣的「愚行記錄」。

拿破崙說：「失敗全是自己的責任，我們是自己最大的敵人，也是悲慘命運的源頭。」

想和各位介紹一位懂得人生的哲學家艾斯・豪威。

一九四四年七月三十一日當他猝死在紐約大使館前的消息傳開時，引起華爾街的震撼，那是理所當然的，因為他是美國財經界的領袖，也是美國商業銀行及許多大公司的老闆。他並未受過多少正規教育，僅是從小店員起家，後來卻成為美國鋼鐵公司信用部經理。

當我請教他成功之道時，他回答：

「多年來，我將每天的活動做成一覽表，當家人在安排週末夜的活動時，總把我除外，因為那是我的自我診斷時間，我會利用它來反省一週以來的工作並給予評價。晚餐後，獨自翻開所有的約會記錄，然後自問：『那時，我犯了什麼錯誤？』、『正確的處置為何？如何改善行為？』、『從那個經驗能學到什麼教訓？』因為是一個禮拜來的反省，有時難免想起一些不愉快的事，有時也很驚訝自己怎會犯了如此嚴重的錯誤。然而隨著歲月的消逝，這樣的缺點也愈來愈少。這是多年來不斷地自我分析與自我檢討的結果。」

也許豪威先生這種作法是取法於富蘭克林的。但富蘭克林不須等到星期六晚上，他每晚都自我反省，他發現自己犯了十三項重大的缺失。其中三項是：浪費時間、拘泥小事、愛挑別人毛病與其爭辯。

聰明的富蘭克林注意到必須消除這些缺點，並記錄每日激戰的勝負。第一個禮拜努力消除第一個缺點，第二個禮拜則用來消除第二個缺點。就這樣，富蘭克林花了兩年時間，終於戰勝了自己的缺點。因此，他之成為最受人敬愛的人絕非沒有理由的。

平凡的人，對於別人小小的批評便怒髮衝冠，而聰明的人會藉著這些批評改進自己、提昇自己。

惠特曼曾說：「以為你真能夠從那些讚賞你、幫助你、一味袒護你的人身上學得什麼，或者從那些排斥你的、和你爭論的人身上真正獲得一些教訓？」

不用等敵人來責難，自己就應該成為嚴苛的自我批評家，在別人之前，先把自己的缺點修補完善。這正是達爾文所實行的，他花了十五年的時間在自我批評上。

達爾文的不朽名著《種源論》（**The origin of species**）完成時，他深知其論點必然引起宗教界、和平學術界的軒然大波。於是，他讓自己或為批評家，把所有的資料再審核一遍，把所有的推理過程與最終結論再作一次探索，以期縝密。

如果有人罵你「笨蛋」，你會如何——生氣？憤慨？

有一次，林肯的戰時機要秘書愛德華・史坦頓因不滿林肯干涉他辦事而罵他「笨蛋」。那是為了討好某個自私自利的政客而簽署了一項遷離史坦頓二、三連軍隊的命令，史坦頓拒絕服從命令，並大罵林肯是「笨蛋」。結果呢？當這話傳到林肯耳中時，他沈著冷靜的回答：「如果史坦頓罵我是笨蛋，那我就是笨蛋，因為他從不亂說話，那我就去探個究竟吧！」

幾天後，林肯去看史坦頓，史坦頓告訴林肯那道命令的不合理。於是，林肯便撤回原令。林肯對於善意的動機以及真誠有理的批評，都能欣然接受。

羅斯福總統在白宮時，也自承不敢期望行事有四分之三以上的正確性。最偉大的思想家愛因斯坦也宣告：「自己的結論有百分之九十是錯誤的。」法國思想家《箴言集》作者羅西福克說：「我們的敵人對我們的看法，較諸我們對自己的看法較為接近真實。」

這話大致沒錯，但一旦有人批評我們時，我們總會自然而然地採取自我防衛態度。人類好像有排斥責備、喜歡讚美的傾向，而不管那褒貶的正確性。人不是邏輯的；而是感情的動物。我們的邏輯彷若在風暴大興、波濤洶湧的感情之海中載浮載沈的獨木舟。

不管是誰，當被批評時，都會為自己辯護。其實為自己辯護的是愚者，我們應該學得更冷靜、更謙虛，應當對自己說：「假如敵人知道我其他的缺點，必定要罵得更慘。」

當你遭受不當批評而怒氣沖天時要告訴自己：「等等！別生氣呀！你並非完人，就連愛因斯坦都自承結論有百分之九十的錯誤，你我又怎能好過百分之八十的標準呢？因此，面對批評你反倒應心存感激，並努力讓它發揮最大的效益才是。」

笑匠鮑伯・霍伯在觀眾的來信中，他捨讚賞而堅持只有批評的信件，因為他知道這些正可做為改進的參考。

福特汽車公司為了更加清楚了解管理和營運的缺失，便從職員中選出數人召開批評座談會。

有一個推銷肥皂的人，最初推銷時，訂單少得可憐，令他擔心會被炒魷魚，他知道肥皂的品質和價格並沒有問題，那麼真正有問題的應是自我。因此他反省是否推銷不得要領，或是誠意不夠……

有時他甚至會回到原來推銷的對象，對他們說：「很抱歉！我回來並非再向您推銷，而只是想聽聽您的意見。剛剛來推銷時，我一定犯了什麼錯吧？我是誠心誠意回來求教您的，請坦白指正我，好嗎？」

由於這種態度，使他結交了更多的朋友，得到更多寶貴的意見。如今，他已是世界最大的佳美肥皂公司的董事長，他的名字就是愛德華・林頓。

所以，想要瀟灑地面對批評的法則是：

記錄自己的愚行並自我反省、自我批評。我們並非完人，所以要學習愛德華・林頓的做法，不斷要求公正而富建設性的有意義批評，以改進自己。

摘要　如何瀟灑地面對批評——

1.惡意的中傷都是一些惹人討厭的言詞，它意謂著你的表現激起了別人的嫉妒。不要怒不可遏地去為自己辯護，且讓時間證明一切。記著：沒有人願意去踢一隻已死的狗。

2.當你盡力而為後，就不要在意別人的惡意批評，只要你行得正、坐得穩。不要讓外界的批評影響了你行事的原則。

3.把自己所做的傻事記錄下來再深深反省。我們並非完人，所以要虛心接受公正而富有建設性的批評。

「第四部
預防憂鬱的方法」

1維持精神飽滿

為什麼我會在以憂慮為探討主題的書中，特別加上「預防疲勞」這一項呢？因為疲勞易於導致憂慮。疲勞會由普通的感冒開始而減弱疾病的抵抗力。心理醫生說，疲勞也會降低心理對恐懼、憂慮的抵禦力。因此，預防疲勞也就等於預防憂慮。

我說：「等於預防憂慮」，是較保守的說法。艾得曼・傑柯布遜所主張的則更積極。關於休養，他有《積極休養法》和《休息的必要》兩本著作問世。經多年對「休息」的研究，他把它列為醫療的重要一環。他說：情緒上的緊張或壓力，都不是休息的狀態。換言之，在休息狀態下，憂慮是蕩然無存的。

因此，預防疲勞和焦慮的第一原則是：常常休息，在疲勞還未侵襲之前，就隨時利用機會鬆弛緊張的身心。

為什麼這個原則如此重要呢？因為疲勞曾以驚人的速度累積。美國陸軍好幾次試驗結果發現，若使軍隊每行一小時就卸下背囊休息十分鐘，便能走得更遠，站得更穩。

哈佛大學的教授說：「心臟每天不斷運送血液到全身，好像一天二十四小時都在工作。因此，實在令人難以想像它竟能經年累月不斷運作。事實上，每經一次收縮，它就會有一個短暫的休息，而非廿四小時都在工作。它以規律的頻率一分鐘跳動七十二次，累積起來，只有九個小時是工作的實數，其餘十五小時則是在斷斷續續的休息中度過的。」

二次世界大戰期間，邱吉爾以近七十歲的高齡，還能每天工作十六小時地指揮大英帝國的作戰目標。為什麼他能有這樣的體力？原來他每天早上都躺在床上閱讀文件、發布命令……到十一點才下床，吃過午飯又休息一個小時，到了傍晚吃飯前再睡兩個小時。根本不必消除疲勞，因為他採用的是預防的方法。他藉著不斷的休息來補充消耗的體力，所以能持續工作到深夜。

約翰•洛克菲勒創造了兩個非凡的記錄，一個是擁有鉅資，躋身世界豪富，另一個就是享年九十八歲。為什麼他能有這麼強健的身體？固然，良好的DNA遺傳是主要的因素，他每天中午有睡午覺的習慣也是長命的原因。午飯後他都會躺在辦公室的沙發上小憩一番，就算是總統也不能打擾他的午休。

《為什麼會疲倦》一書的作者丹尼爾・沙利說：「休息不是完全的靜止狀態，而是一種修補、補充。」即使是五分鐘的小憩也能幫助我們消除疲勞，重新注入新的能源。

第一夫人愛莉娜・羅斯福在白宮的十二年間如何能應付那麼多勞心的工作？她說：「每次要公關露面或發表演說前，我都會坐在椅子閉上眼睛休息個二十分鐘才開始活動。」

前陣子我訪問世界馬術大師喬因・奧屈瑞，看到他有一張簡單的床。他說：「每天中午我都躺在上面睡上一小時左右，這能使我變得精神百倍。」

愛迪生之所以能有驚人的精力和耐力，據說是得助於隨時休息的習慣。

我訪問亨利・福特，是在他八十歲生日前夕，我頗驚訝於他的朝氣蓬勃、元氣十足。我請教他養生之道，他說：「能坐時絕不站著，能躺著時絕不坐著。」

「現代教育學之父」赫雷斯・曼也用這個方法彌補他老邁時不足的體力。他擔任安迪歐克大學校長期間，就經常躺在長椅上接見學生。

我也曾勸好萊塢的一位導演試試這個方法，後來他坦白地說奇蹟發生了，他就是名導演傑克・查特克。

數年前我們初見時，他是米高梅電影公司的經理，那時他累得筋疲力竭。用遍了所有對策，但不論服用強壯劑或維他命皆告無效。我提議他試著隨時休息，他在辦公室擺一張長沙發以為隨時休息之用。

兩年後，他活力充沛地告訴我：「喂！老兄，真是奇蹟，連我的家庭醫生都這麼說。我原來是坐在椅子上與編劇討論公事，現在是躺在沙發上。儘管每天工作延長了兩個小時，但反而沒有以前那麼的疲倦。」

當然，並非每個人都能這麼做，如果你是個打字員或會計，就不能這麼隨心所欲的在辦公室裡休息，或躺在沙發上與老闆討論財務問題。可是，如果你中午是回家吃飯，就可以利用飯後歇個二、三十分鐘，這樣能讓你恢復活力。如果你一味推拖，藉口沒有時間，我勸你還是趁早加入人壽保險吧！

如果中午沒有時間休憩，至少晚餐前應休息一個小時。這一小時遠勝過晚上的六小時，可以幫助你解決一天中大部分的疲勞。這種比一杯加冰塊的威士忌蘇打便宜的奇效，你不試試？

這種適時休息習慣對從事體力勞動的人更形重要。泰勒在巴斯漢鋼鐵公司擔任工程師時發現：平均一個工人每天只能搬運十二點五公噸的鋼鐵，到了中午就已經累得不成人形。可是，一個人的體力原不該這麼差的，應該還有可發揮的餘地。

於是，泰勒請史密特先生擔任受試者，請他每搬一定的重量後就作幾分鐘休息……你猜如何？當別人每天只搬十二點五公噸的時候，他卻搬了四十七噸，因為他在尚未疲倦前就預先防備了，一小時六十分鐘裡，他實際只工作了二十六分鐘，其餘的三十四分鐘都消耗在片段的休息中。他工作時間比別人少，但成績卻比別人好，幾乎是別人的四倍。

奇怪嗎？不信的話，你也可以自己試試看啊！

再重複一次：學習軍隊時常休息的行軍方法；如同心臟一樣地工作——在疲勞之前預先休息。能這樣，你就不怕累得不成人形了。

2 疲勞的對策

有一件令人驚奇的、深具意義的事。據說，只用腦力工作的人是不會疲勞的，這說不定會被認為是無稽之談。數年前科學家們研究人類的頭腦能持續工作多久而不疲勞，令人驚訝的是，他們發現通過腦部的血液是活動的，全然不致令人感到疲累。據說，採自從事體力勞動者身上的血液中，充滿了疲勞的毒素及其生成物，但是從阿爾伯特·愛因斯坦的腦中取出的一滴血，雖然是在一天即將結束之時，也檢查不到任何疲勞的毒素。

僅限於使用腦力，即使在八小時或十二小時的活動後，仍然可以和最初一樣活力充沛地工作，腦子全然不知疲憊，那麼是什麼使人類疲勞的呢？

若根據精神分析醫師的斷言，大部分的疲勞是起因於精神性和情緒性的因素。英國有名的精神分析醫師哈德爾所著《力的心理學》一書中說道：「我們的疲勞大部分是起於精神性的原因，而純粹由身體引起的例子，實際上是很少的。」

美國最優秀的精神分析醫師之一的布利路博士，對這一點進一步的斷言說：「健康的體力勞動者的疲勞，有百分之八十是心理或情緒方面的因素造成的。」

什麼樣的情緒因素使勞動者感到疲勞呢？歡樂嗎？滿足嗎？當然絕不是這些；而是無聊、怨恨、無力感、焦躁、不安、煩惱——這些情緒素使得勞動者疲勞，進而容易感冒、生產力減低、因神經性頭痛而早退。總之，我們是由於本身體內產生的精神緊張而疲勞的。

梅德勒波利坦人壽保險公司所印製的關於疲勞的小冊子中，指出以下的事實：「因為過度勞動所導致的疲勞，大致上能由充分的睡眠或休息中消除……煩惱、緊張、感情的困擾是疲勞的三大原因。往往被認為是身體或精神勞動引起的疲勞中，這三者其實才真的是罪魁禍首哩！不要忘記，緊張就是使肌肉處在勞動中，因此，首先要放鬆自己以儲備精力。」

至此，先暫且撇開本書，請檢討一下你自己剛剛在看書時，是否正在皺眉呢？兩眼間是否一有某種緊張感？在椅子上的腰是否慢慢的下滑？肩膀有沒有緊繃著？臉逐漸變僵？如果身體不像布製的舊娃娃般的柔軟的話，你就曾在一瞬間產生神經性的緊張和肌肉的緊張。請想想您是否如此。

精神上的勞動為何會產生這種不必要的緊張呢？喬士林說：「幾乎所有的人都相信，困難的工作，不全力以赴就無法完成。」因此我們集中精神時為了做出皺眉、聳肩等意味著賣力的動作而把力量加諸到肌肉上，那對我們腦部的活動是徒勞無益的。

有件令人驚訝而可憐的真實情況，那就是作夢也想不到的絕大多數人正像爛醉的水手一樣，毫無節制地揮霍自己的精力。

對付這種神經性疲勞的對策是什麼呢？

休息、休息、休息——記住邊工作邊休息的方法：

這是件簡單的事吧？不，要改變一生的習慣大概不太可能，但是值得去努力，因為說不定這是你一生中的重大改革。

威廉·詹姆斯在以「休養的福音」為題的文章中有如下的敘述：「美國人的過分緊張、心情浮動、呼吸困難、強烈的痛苦的表情……這些實際上是壞習慣，完全沒有任何意義。」緊張是習慣，休息也是習慣，打破壞習慣即是培養好習慣。

要如何放鬆呢？是從心理開始或從神經開始？兩者都不是，不論如何，首先都要先使肌肉放鬆。

那麼，嘗試看看吧！怎麼做呢？先從眼睛開始。讀完這一段後，輕輕地閉上眼睛，然後靜靜地對眼睛說：「休息！休息！不要緊張！停止皺眉頭！休息、休息……」——一分鐘內不斷這樣告訴自己。

二、三秒後，眼睛的肌肉開始隨著那些話而不再緊繃了嗎？有種好像有人用手抹掉緊張的感覺嗎？或許令人難以置信，但是你已在這一分鐘內，領會到放鬆的所有關鍵及秘訣。關於下巴、臉上的肌肉、頸、肩膀、全身也同樣適合，但最重要的器官是眼睛。

芝加哥大學的傑普生博士甚至說，如果能夠使眼睛的肌肉完全放鬆，人就能忘掉所有的煩惱。為何去除眼睛神經的緊張如此重要？因為消耗全身精力四分之一的是眼睛。而視力正常的人被眼睛疲勞困擾的理由也在此，因為他們使眼睛緊張。

名小說家魏姬・鮑姆說她小時候自一位老人家學到珍貴有用的教訓。她因為跌倒而傷及膝蓋和手腕，曾是古圓形劇場丑角的老人把她扶起來，拍掉泥土後說：「你會受傷，是因為不知道讓身體舒適的方法。總要使身體像舊的皺巴巴的襪子那麼柔軟才好！老伯伯讓你看一下怎麼做。」

老人就在她和其他孩子面前表演跌倒的樣子、翻筋斗、倒立等等，然後告訴他們：「想想把自己變成像皺巴巴的舊襪子，如果那樣的話，隨時都會很快樂的。」

你不論在何時何地都能放鬆，但並非刻意勉力的放鬆。舒適的狀態是要消除所有的緊張和壓力，使心情快樂、舒暢。首先是從放鬆眼睛和臉上的肌肉開始，反覆做「休息……休息……舒暢」的練習。如果那樣做的話，就會知道精力從臉部肌肉向身體內部流回去。總之，像嬰兒一樣從緊張中釋放出來就對了。

以下為你介紹在學習放鬆之際，四個有效的建議：

1. 任何時候都要放鬆。保持著身體像舊襪子般的柔軟。我把一隻舊襪子放在桌上——就是為了不要忘記常常保持柔軟的狀態。若襪子不行的話，貓也可以。就好像抓起正在曬太陽的小貓一樣，前後的腳就像濕的報紙般鬆鬆的垂下來。據說印度的瑜珈大師學會的放鬆技術是從貓身上見習來的。至今我尚未看過疲倦的貓、得神經衰弱的貓，或失眠、煩惱、患胃潰瘍的貓。當你知道了像貓一樣的放鬆方法，一定可以避免這些不幸。

2.盡量以輕鬆的姿勢工作，不要忘記身體緊張會引起肩膀緊繃及神經疲勞。

3.一天內要有四、五次檢討自己：「我在工作上有沒有浪費的辛勞？我沒有用到和工作無關的肌肉吧？」以這樣的話問自己。這對於培養放鬆的習慣是一定有用的。

4.一天結束時再自問一次：「我是那一種疲倦呢？如果我疲勞的話，不是因為耗費精神的緣故，而是因為方法上的關係。」喬士林說：「我為了評量一天工作的成果，在一天工作結束時總要對自己的疲勞與否做一番檢討，當一天結束時，如果感到嚴重的疲倦，且神經也刺痛時，我就知道不論在質或量上，都是工作效果不彰的一天。」

3保持年輕的方法

去年秋天，我的朋友到波士頓參加一個很特別的醫學座談會。與會者都事先接受過醫療診察的。其實，正確地說，那應該算是心理臨床討論會，真正的目的在於幫助因焦慮而致病的人們。因此患者大多是情緒失調的家庭主婦。

這個構思是如何產生的呢？喬瑟夫·布拉托博士在一九三〇年發現許多到波士頓診所的患者身體上並沒有什麼異常，但實際上卻呈現患病的痛苦。有一位婦人的手因關節炎嚴重到十指幾乎動彈不得，另一個則患胃癌，還有些輕微點的就是頭痛、背痛、長期性疲勞或不明所以的疼痛……她們實際地感受到那些痛苦。但做了徹底的健康檢查後，卻無法發現任何生理上的異常，如果是以前的醫生，必然認為那是由於她們胡思亂想所造成的錯覺。

但是布拉托博士知道即使對那些患者說：「回家好好休息，不要胡思亂想。」也是徒然的。果真如此簡單的話，她們又何必去求醫就診呢！

於是，他排除一部分醫生的反對而舉辦了這個座談會，至今十八年來治癒了數千病人。

羅絲・海佛汀博士說，治療焦慮最好的辦法，就是找個可以信賴的朋友傾訴一番，這叫做宣洩。她說：

「每次病人來時都有滿腹牢騷，他們極需要把心中的幽怨、憂鬱、壓力……一股腦兒地發洩出來，而我們所要做的事就是分擔他們的痛苦，使他們知道世上還有人願意真心的關懷他們、了解他們。」

我就親眼見過這種傾訴所發揮出來的奇效。有一位女士剛到治療中心的時候，活像驚弓之鳥，內心的緊張使她坐立難安。後來，她開始說話，說出自己的困擾……然後就慢慢冷靜下來。甚至當會談結束時，已經能面帶微笑走出去了。難道是問題解決了嗎？當然沒有那麼簡單！只是在暢所欲言的宣洩中，她得到人的體諒與同情，這種溫馨的感覺就是語言的功用，語言所發揮的治療價值。

心理分析的理論，在某種程度上是建立在言語的功能中，打從佛洛依德的時代開始，心理學家就已經知道如果病人能把鬱積心中的話傾吐出來，將可以消除內在的焦慮與壓力。為什麼呢？想必是由於描述出心裡的話，使你可以洞察自己的憂慮，而較容易判斷狀況吧！至少可以確定的是「吐出胸中的鬱悶」，便可以體驗到解放感。

因此，下次當你鬱悶時，何不找個人傾吐！倒不是叫你順手就抓個路人來哭訴，而是要你選擇可以信賴的人，也許是朋友、親戚、醫生或神父，告訴他們你需要他們的勸告與指導。就算他們無法給你具體的幫助，但能坐在那兒耐心聽你的發洩，至少就對你的心裡重擔有所分攤了。

對於家庭主婦來說，將憂鬱全盤說出是治療過程中最基本的步驟，此外還有一些方法，有一定的幫助——

1.把深受感動的作品剪貼成冊。當陰鬱雨天午後心情鬱悶時，妳將從中找到使心情開朗的詞彙。已有很多患者證實了此項療效。

2.對於他人的缺點不要斤斤計較。固然，你的先生也有缺點，但如果他十全十美，那就不是個真正的「人」，也就不會和你結婚了，不是嗎？曾有個愛嘮叨、吹毛求疵的女人，一天到晚只知道挑先生的毛病。有一次治療中心的醫生問她：「萬一妳先生去世了，妳將怎麼辦？」時，使她一時醒悟了，於是她把先生的優點長長地列成一張表。當妳開始後悔嫁給一個專制的暴君時，不妨也試試這個方法，妳將發現妳嫁的不是個粗魯的暴君，而是一位讓妳深深喜愛的好男人。

3.關心周遭的人。有一個過分封閉，而深苦於沒有任何朋友的女人，後來她學著逐漸放開自己，嘗試和別人打成一片，現在她已成為一個快樂而迷人的小婦人了。

4.今晚就寢之前先訂定明天的行事曆。主婦們往往被自己無法偷懶的家務搞得暈頭轉向，卻又覺得一事無成，似乎時間總在後面急急迫迫。為了治療這種被追趕的焦慮，應當每晚制定次日的行事曆。結果呢？很多工作都能如期完成，妳將享有成就感與驕傲。

5.盡可能避免緊張與疲倦。放鬆！要放鬆！沒有任何「魔鬼」比緊張與疲倦更能催你衰老化、損你容顏了。如果你是個家庭主婦，就必須學著放鬆，不拘是躺在地板或沙發。其實，硬木板比彈簧床更具有消除疲勞的功效，對脊椎是有益的。下面有些動作可以在家試試，先做一個禮拜看看，是不是有些「變化」產生。

（1）只要一感覺到疲倦就平躺地板上，盡可能伸展四肢，而且最好還在地板上滾上幾圈。一天重複做兩次。

（2）闔上眼睛，輕輕告訴自己：「可愛的陽光正灑在我頭上，天空是多麼蔚藍與柔和，大自然安詳主宰著宇宙，而我——大自然的寵兒，與萬物融為一體。」經常在心中重複這些感恩的讚美。

（3）如果無法盡興地躺在地板上，就坐在一張硬椅子上，也有相同的鬆弛效果。挺直腰桿、兩手輕鬆地擱在大腿上，以愉快的心情讓自己伸伸頸，活動活動筋骨也是一樣的。

（4）從腳趾頭開始伸縮肌肉，再逐漸上移到雙腿、身體、脖子……讓頭部像球一般迴轉，然後輕聲的對你身上的肌肉說：「放鬆吧！放鬆吧！」

（5）以有規律的深呼吸，來撫平內心的緊張與焦慮。

（6）看看自己臉上的皺紋與深鎖的眉頭，然後試著撫平它們。一天重複兩次，這樣以愉快的心情來對付時光的痕跡，也許不必進美容院就可以看來容光煥發，比以前更迷人了。

4 四個好習慣

1. 工作習慣之一——除了和目前工作有關的文件，其他的全部收起來

芝加哥、西北鐵路公司經理阿姆茲說：「有的人把各種書籍如山的堆積在桌上，但是如果把目前不用的東西全部都收起來的話，就能更容易正確的處理事務。我稱此為高明的家事技巧，而這更是提高效率的第一步。」

在華盛頓的國會圖書館的天井中，記載著詩人波普的一句話：「秩序是自然的最高法則。」

秩序也應該是工作的第一法則。而實際上又如何呢？大部分人的桌上散置的是被認為已經好幾週沒看到的書籍。據紐奥良的某位報紙發行人說，他秘書在清理一個桌子的同時，出現了在兩年前丟失的打字機。

散置著未寄出的回信、報告、備忘錄的桌子，只要一看，就會令自己十分的混亂、緊張及煩惱，因而深感無以下手。而一旦常常出現所謂「該處理

的事太多了，所以沒有時間處理」的想法，不僅會帶來緊張及疲勞，甚至會使你得高血壓、心臟病、胃潰瘍等等。

賓西法尼亞大學醫學院研究所教授在全美醫學協會以「臟器疾病併發的機能性神經衰弱」為題的研究報告中，有所謂「應該調整患者的何種精神狀態」這一項，其中舉出了十一個要件。其第一項如下：一定要做的觀念，使你非要處理不可的事隨時都浮現在眼前所造成的緊張感。

但是，整理桌子，下決心等的初步做法，真能夠防止高血壓和緊張感嗎？有名的精神分析醫師威利阿姆·薩多拉，他的一位只花了一點功夫就防止精神衰弱的患者，告訴他一些話。那位男士是芝加哥某大公司的重要主管，但是，他到薩多拉博士的醫務所時，正為高度的神經緊張而煩惱。他自己也知道自己正在崩潰的邊緣，但卻沒有理由辭掉工作，於是只好求助於醫生了。

薩多拉博士如此敘述：「要和這位男士講話的同時，電話鈴響了，是醫院來的電話，我隨即在座位上解決了這件事，盡量當場處理事情是我工作的原則。解決完那件事後，隨即又來了一通電話，因為是緊急的問題，暫時用電話解決。而第三通是我的同事打來的，是關於嚴重的患者，來徵求我的慧見。當事情辦完，隨即回到客人那裡，正想向他道歉讓他久等時，但他的臉色不正逐漸轉為開朗嗎？那和剛剛的神色簡直有天壤之別。」

「不，沒有關係的，醫生！」這位男士向薩多拉博士說：「在這十分鐘之間，我感覺到已經知道自己錯誤的所在。回到辦公室後，我會改變工作的習慣……在此之前，醫生，很失禮的，能否讓我看看你桌子的抽屜？」

薩多拉打開桌子的抽屜。如果拿掉有關公事的東西，等於是空的。「未處理的工作放在那裡呢？」患者問道。「全部處理完了。」薩多拉博士答道。「尚未寄出的回信信函呢？」、「一封也沒有，我有隨時寄出回信的心理準備，都在當場口述之後交給秘書處理。」

六週後，這位重要主管在他的辦公室招待薩多拉博士，他已經改變了——連他的桌子也一樣。他打開桌子的抽屜，顯示出其中沒有任何未辦完的工作。他說：

「六週前，我擁有二間辦公室三張桌子，其中塞滿了未處理的東西，也未嘗試著去整理它。和你談話後，回到這裡，便立即把所有殘留下來的報告書、老舊的書籍清理掉。現在的我只用一張桌子工作，由於事務都馬上處理完的關係，現在已完全不會有因累積未處理的工作而緊張、煩惱的情形。但是最大的驚奇是我完全恢復了，現在身體上也沒有任何不適之處！」

曾任聯合國最高法院長官的查爾斯・艾文斯休茲說：「人不會因過度疲勞而死，是因為浪費及煩惱而死。」因此，精力的浪費及為了工作的沒有進展而煩惱才是致命的原因。

2.工作習慣之二——按重要性處理事務

城市服務公司的創立者亨利・多爾提曾說，以高薪也買不到的能力有——這種極難得的能力，一是**思考力**、二是**有條不紊的處事能力**。

自一文不名到十二年後成大功的帕普索田多公司的老闆查爾斯・拉庫曼，根據他的斷言，他的成功是發揮了亨利・多爾提所說的那二種幾乎發現不到的才能。

查爾斯說：「不知何時開始，我在早上五點起床，因為清晨是較適合思慮的，可以輕鬆地做好一天的計畫，而且決定要處理的事務之重要性也限定在清晨做。」

美國最成功的保險外務員之一的富蘭克林•貝爾，他計畫一天的事，絕不會等到早上五點。他在前一晚就完成這件事了。總之，就是決定翌日該達成的保險金額，而如果沒有達到目標的話，就把未達成的部分附加在隔天應達成的金額上。

從我長期的經驗得知，人未必能按照事務的重要性去處理。但是我也知道，計畫先處理最重要的事情，遠比漫無次序的行事要好得多了。

如果喬治沒有堅守先處理最重要事情的原則的話，恐伯他就不能成為作家，說不定終其一生也只是個銀行職員。他的日課是每天必定寫作五頁，即使在他失意的九年之間，也一心一意的持續每天寫五頁，只是，在那九年間的所得，只有三十美元，一天不超過一分錢。

3. 工作習慣之三——面對問題時要馬上解決，不要拖延

我班上的學生郝愛爾在他還是美國鋼鐵的董事時，董事會總是花很多的時間進行交涉，審議多件的議案，然而卻大部分都未解決便留置下來，結果，各董事就不得不將許多報告書帶回家裡。

於是郝愛爾先生說服各董事一次只受理一個議案，且不容許延期或留待解決。無論在什麼情況下，都要迅速而正確地做決定，千萬不把這個議案積到下個議案。實施結果效率是極好的，預定表被處理得有條不紊，行事日程表也很整齊美觀，再不必將報告書帶回家，從此便免於因未解決的問題而煩惱。這不只適用於美國鋼鐵的董事會，對我來說也是值得效法的處事規則。

4. 工作習慣之四——學習組織化、委任化、管理化

許多企業家不知將職務交由他人處理，而獨力承擔一切，然而人生幾何，能親自成就的畢竟不多！若凡事事必躬親，必為煩瑣的細事所困，煩惱、不安、緊張、焦躁便緊跟著來。我深知學習把責任付託給人的困難。也深知把權責委任給不符經驗的人所引起的弊端。確實，交託責任是件困難的事。但是，董事們如果想免除煩惱、緊張、疲勞，就必須切實實行。

做大事業的大忙人，若沒有實行組織化、委任化、管理化，在五十歲或六十歲出頭時，大多會死於心臟病突發。不信的話，看看每天報紙的死亡記載吧！

5 找出你的興趣

疲勞的主要原因之一是倦怠。為了說明這一點，我們來看看愛麗絲的情形：有一晚，愛麗絲疲倦的回到家裡，她真的是精疲力盡，頭痛、背也痠痛，她很想不吃晚飯就馬上去睡覺，但拗不過母親，於是食不知味地勉強吃幾口，此時電話鈴響了，原來，是她的男朋友打來的，要請她去跳舞。她的眼睛因而閃閃發光，一瞬間便恢復了精神，興高采烈的跑上二樓換衣服去赴約，那晚她一直跳到凌晨三點，而回家時一點都不覺得疲倦。事實上，她還一整個晚上高興得睡不著覺呢！

到底愛麗絲在八小時前是否真的很疲倦呢？她確實是疲倦的。她對自己的工作感到鬱悶，對於人生或許還有些希望。像愛麗絲那樣的人不知有多少！說不定你便是其中之一。

產生倦怠感，與其說和體力的消耗有關，毋寧說是和人類的心理狀態有密切的關係，這是眾所周知的事實。數年前的巴馬克在其作品《心理學的記錄》中曾證實倦怠是造成疲勞的原因。他讓一群學生做他們沒興趣的事，學生們都說疲勞、想睡覺、頭痛、眼睛疲勞、且情緒急躁。其中甚至有人說胃的情況不正常。這些都是「假病」嗎？不是的！對這些學生進行新陳代謝檢查的結果，了解到人一感到倦怠時，人體的血壓及氧的消耗量就會降低，而一旦對工作感到有興趣及喜歡時就會馬上促進新陳代謝。

人類一做任何有興趣的事，就很少會疲倦的。例如，我最近到路易士湖畔渡假。我在數天中，沿著克萊爾支流釣鱒魚、分開高出身體丈餘的灌木叢、被樹木的根絆倒、從倒下的樹木底下鑽出來，但是即使持續八小時後也不覺得精疲力盡。到底為什麼呢？因為興奮、心跳。我沉浸在無上的成就感中，因為我釣了六條大鱒魚。但是假如我對釣魚感到無聊時，是什麼樣的感覺呢？一定像在海拔二千公尺的高地上激烈的工作而疲勞不堪！

其中有不少人在極度的疲勞之後，連飯都沒吃就倒頭大睡。那麼那些比隊員年長二、三倍的嚮導們呢？他們也很疲倦，但並未到困頓不堪的程度。嚮導們不但吃晚飯，還節省好幾個小時的睡眠來討論關於當日的經驗。他們沒有動彈不得是因為對登山興趣濃厚。

哥倫比亞大學的愛德華・宋達克博士做過疲勞的實驗，他試著讓數個青年不斷的維持著興趣，並約定一週的時間不讓他們睡覺。結果，博士做了以下的報告：「倦怠才是工作效率減退的原因。」

如果你是從事腦力工作者，與其說是因為「工作量」而疲勞，倒不如說是你自己處理不好工作而疲勞：想想上週的某一天，你有妨礙了工作進行的事情——沒有寄出回信、沒有遵守約定……等等各式各樣的問題。那一天便不論做什麼事都做不好，理不出一個頭緒，於是終於精疲力盡的回家了——抱著快要裂開的頭。

隔天，所有事情都很順利，以比前一天快三百倍的速度處理所有的事，說不定你還帶著有如純白梔子花般的清新情緒回家呢！你應該有那種經驗吧！我也有呢！

應該學到的教訓是什麼呢！那便是：**我們的疲勞不是因為工作而產生的，通常以煩惱、挫折、後悔的因素居多。**

執筆本章時，我去觀賞傑勒姆・卡恩的音樂喜劇《秀・波多》的演出。「克登・布羅薩姆」的安迪船長在他的劇中說：「能從事自己喜歡的工作的人是幸福的。」我們所謂幸福的理由是，做的意願及樂趣不斷的湧現出來，而煩惱和疲勞卻很輕微。和嘮叨的妻子走一里路，其勞累的程度抵得上和情人散步十公里的路。

因此，如何做比較好呢？介紹一個上班族的實例：在奧克拉荷馬的石油公司服務的小姐，她每個月做的是難以想像的單調的工作——在印好的貸款契約書填入數字或作統計。由於那個工作太無聊了，為了工作得愉快，她決心把它改變成有趣味的工作。那麼，怎麼做呢？

每天她做著和自己競賽的遊戲。她把早上自己做好的契約書數目數出來，下午則努力超過那個數字的工作量。結果她的工作成效輝煌，遠遠超出所有的同事。那麼她獲得了什麼嗎？讚賞？感謝？晉升？加薪？不！不！不！但她卻有效的防止因為無聊而產生的疲勞，那是一種有效的精神刺激。所以努力把無聊的工作變成趣味盎然的結果就能使得精力及熱誠更加湧現出來，並且能享受到比現在更多的休閒樂趣。

我知道這是事實，因為，我是那一位小姐的另一半。

數年前，郝華多決意要使他的人生耳目一新，他決定要使單調的工作變成有趣味的事。他的工作極端的無聊，當其他的男孩在打棒球、戲弄女孩子時，他卻窩在高中的餐廳洗盤子、擦櫃台、分送冰淇淋。郝華多輕視自己的工作，然而又不得不繼續工作，他便決心開發一種樂趣，於是決定研究冰淇淋，如製造過程如何等等，結果他變成高中化學的博學之士。接著他又對營養化學感到興趣，便進入麻塞諸薩州立大學就讀，專攻食品化學。當紐約的可可亞交易所以獎金公開向全國學生徵求關於利用可可亞及巧克力的論文時，郝華多因入選而獲得一百美元的獎金。

由於沒有找到適當的工作機會，他在麻塞諸薩多阿馬士多住宅的地下室建立個人的研究所。不久之後新的法律被製定出來，規定牛奶要標示其中所含的細菌數，郝華多接受了當地十四家的牛乳公司，為他們計算細菌的數目，而他就需要有兩位助手。

二十五年後他會有什麼樣的發展呢？現在從事營養化學工作的人到了那時不是退休，大概就是去世了吧，於是他們的地位，就會被目前熱情洋溢及富創意的年輕人繼承。二十五年後，郝華多無疑的會成為指導者，而與他同年級，自他手裡買走冰淇淋的人，多數會失業、沮喪、謾罵政府，大嘆自己運氣不好，及上天不公平的話。而即使郝華多，如果當初沒有決意要使無聊的工作變得有趣的話，好機會應該是不會從天上掉下來的。

「我們的人生是根據我們的思考所創造的。」這句話和十八世紀前馬爾庫・阿雷文斯寫在《自省錄》上一樣，即使在現代也還是顛撲不破的真理。

每一天內心的自我對話，能引導自己去考慮關於勇氣及幸福還有權力及和睦，告訴自己應該感謝的事情，心中就會充滿喜悅以致於想放聲高歌。

根據這些正確的思想，能夠減少對某些工作的厭惡感。上司固然希望你對工作深感興趣，你不也期望收入增加嗎？且不管上司的希望如何，而你說不定因此為自己的人生贏得更多的幸福。

因為，你清醒的大半時間都花在工作上，如果你不能在工作中找到幸福，那麼你又要到那裡去尋求快樂呢？如果對工作有興趣，不但能自煩惱之中解放出來，而且就長遠的眼光來看，也會帶來晉昇及加薪的機會。相反地，即使沒有任何效果，也能把疲勞減至最低程度，而享受空閒的悠然自得。

6 不為失眠困擾

當無法睡好覺時，你會擔心嗎？你必定想聽聽國際名律師山姆・阿特伊的經驗，因為他從未有過一天正常的睡眠。

在上大學時，他即苦於因氣喘而導致的失眠。但似乎兩者都無法治癒。這種情況之下的上上之策，就是充分利用睡不著覺的時間——起床讀書。這樣一來，他變成了班上的佼佼者，紐約的天才學生。

開始當律師後，失眠症仍不見好轉。有句口頭禪是「上帝會保佑我的。」正如他所說的，雖然睡眠時間極短暫，但因他本身很健康，所以比紐約的任何一位青年律師都還活躍。而且反而因此比別人做更多的工作。

他在二十一歲時，年收入就已有七萬五千元了。很多同期的年輕律師都遠道來請教他。一九三一年，他處理了某一案件，以現金一百萬美元的辯護費打破了有史以來的的最高紀錄，事業達於顛峰。

但他的失眠症依舊，夜間一半時間花在讀書上，早上五點起床，在大多數人開始工作的時候，他的工作已經完成了一大半。他終生不知熟睡滋味，但他不為之憂慮，否則怕早已精神崩潰了。

我們一生中有三分之一的時間用來睡眠，可是卻沒有人知道睡眠真正的意義。它似乎只是一種習慣、一種休息狀態，我們不知道每個人該有多少睡眠，且不知道睡眠對我們是否絕對必需。

第一次世界大戰期間，保羅・肯恩因作戰而腦部受傷，痊癒後留下了奇怪的後遺症——無法入眠。儘管醫生用盡種種方法：鎮靜劑、麻醉劑、甚至催眠術……都無法使他入睡。

此一病例至今還是醫學界的一個謎團，推翻了長久以來我們對睡眠的認知。另外對睡眠的需要似乎因人而異，多寡相差懸殊。

因失眠所感受到的憂慮，對一個人的傷害遠甚於失眠的本身。我的學生愛荷・山德納就差點被長期性失眠給折磨得自殺……

愛荷・山德納告訴我：

「剛開始時我有正常的睡眠，早晨鬧鐘都吵不醒我，經常遲到，結果老闆發出了警告，我知道自己如果再不改進就將被炒魷魚。

「我把這個情形告訴一位朋友，他建議我每晚入睡前就專心聽鬧鐘的聲音。這下可好啦，滴答、滴答的響聲糾纏得心神不寧，所有的瞌睡從此絕緣，整夜都睡不著，天亮時，我因疲勞及不安而成了半個病人，現在回想起來也懷疑當時的我是否發狂了——有時好幾個小時都在房間內踱步，也常常有想從窗戶跳下去，了結一切的衝動。

終於，我求助於熟識的醫生，他說：「我無能為力，任何人都無法幫助你。因為問題完全在於你本身。如果晚上躺在床上睡不著的話，就將睡覺的事忘記，不要勉強，勸自己說睡不著也無妨，即使清醒到早上也不算什麼……只要閉目休息，安然處之就好了。」

其實逼得人想跳樓自殺的不是失眠症，而是隨之而來的憂慮。

芝加哥大學教授南山・卡特蒙是睡眠研究的權威，他說：「沒人會因失眠而死，失眠本身所帶給人的傷害遠不及我們所想像的；對失眠所產生的恐懼與憂慮，才是真正破壞我們健康的致命傷。」

卡特蒙教授也說，失眠的人並非完全沒有睡覺，有時他們睡著了卻不自知。說「昨晚一點都沒睡」的人，也許在不自覺中睡上了幾個小時也說不定。

例如，十九世紀最優秀的一位思想家哈勃特•史賓塞，他討厭噪音，為了鎮定神經而戴了耳塞，甚至有時為了引起睡意而服食鴉片。一晚他和朋友休斯一起睡。

第二天早上，史賓塞抱怨說一整夜都沒睡。但實際上沒有睡的是休斯教授——因為被史賓塞的鼾聲吵得無法入眠。

獲得甜美睡眠的前提是心理上的安慰。我們必須感覺有一股強大的力量在保護我們，才能夠安穩地睡到天亮。

湯瑪斯•哈斯勒博士曾說：「以一個醫生的立場來說，我認為禱告是最能獲得安全感的方法，可以幫助我們獲得心理上的安靜與祥和。」

喬內特•瑪克納德告訴我，每當她感到憂鬱、焦慮得無法入睡時，就會反覆唸著一首讚美詩藉以獲得安全感。這首讚美歌就是：「主是我的牧人，祂使我不致匱乏；藍天下、綠野上，祂領我到休息的水之湄……」

如果你不是教徒，那麼，禱告對你而言可能是個陌生的名詞，也不容易做到。那就可以藉著身體的鬆弛來達到休息的效果，從頭部、眼睛、脖子……直到全身，讓身體的各部位都卸下所有的緊張，這樣，也許對你的失眠有所幫助。

另外一種治療失眠的方法就是藉著游泳、種花、慢跑……等消耗體力來使自己疲勞，以期達到睡眠的效果。

真的精疲力竭時，即使走路也會自然睡著。記得我十三歲的時候，父親帶我到市集去賣豬，因為錯過車，我們只好走路。一路上新鮮的景物使我目不暇接，但終因疲累不堪而邊走邊睡。現在，我依稀記得當時父親牽著我的手，我只是一步一步機械化地行進，腦海中一片昏沈，完全不知道周遭的情形，那正是邊走邊睡。

一旦疲累不堪，即使是在極恐怖、危險的戰場爆炸聲中，你依然可以酣然入睡。名神經科醫生佛斯特・甘迺迪說，一九一八年英國第五軍團撤退時，他目擊了士兵們因過於疲困而倒在地上酣然熟睡的情景。即使他以手指撥開他們的眼瞼，也無法使他們睜開眼睛，而且他們的瞳孔一定是在眼窩上方。

甘迺迪博士說：「從此以後，當我睡不著時，就讓眼球骨碌碌地在上方做回轉運動。於是馬上哈欠連連地引起了睡意。那是一種反射動作，連自己都無法控制的。」

至今仍沒有因拒絕睡覺而自殺的人，恐怕以後也不會有。自然不問人的意志而強制人睡眠；自然儘管有時對於長久沒有提供食物及水置之不理，但對於睡眠卻不會長期放任不管。

談到自殺，我想起亨利・林克博士在《人的再發現》一書中所描述的，他在《關於克服恐懼和憂慮》一書裡談及曾與企圖自殺的患者談話。林克博士知道無論如何勸導都只會使事態更形惡化。因此對患者說：「如果你非自殺不可，那就表現得英勇一點，先把體力用在跑步上，最後力竭倒地，這種死法豈不比較高明？」

那個患者接受了這個提議，不只一次，他做了二次、三次。姑且不論筋肉，心情方面，每做一次便覺得愉快多了。到第三晚他感到極端疲累（緊張感於是消逝），身子如木棒般直挺挺地倒下便睡。林克博士打一開始便以此為目標。那時起，病人加入了體育俱樂部，並參加競技，完全恢復了生機。

為了不為失眠困擾，應遵守下列五個原則：

1.睡不著時就不要勉強自己，你應起床，在想睡以前做些事或讀些書。

2.沒有人會因為失眠而累死的；由失眠所產生的恐懼與憂慮才是損害健康的致命傷。

3.藉箸禱告或讚美詩來穩定自己、獲取安全感。

4.藉著各種運動來鬆弛身心。

5.消耗體力，當體力透支過多時，自然會產生睡意。

摘要　幫助你消除疲勞、保持活力與衝勁的六種方法——

1.在尚未疲倦之前，就隨時找機會預先休息，以防體力過分透支。

2.在工作中放鬆自己，使工作不致變成沈重的負擔。

3.如果你是家庭主婦，要經常利用家務之餘，做些鬆弛身心的活動來維持你的精力與青春。

4.培養下面四種應有的工作習慣：

（1）把辦公桌整理得整整齊齊，除了手邊正在處理的工作文件外，其他毫不相關的資料別堆在桌上。

（2）按照工作的重要性依序處理。

（3）當你面臨必須解決的問題時，就要果斷，不要猶豫不決。

（4）學習組織、管理、監督與分層負責的科學管理概念。

5.在枯燥的工作中發掘樂趣，以保持工作的熱情與衝勁。

6.沒有人會因為失眠而累死，失眠的本身並不會造成多大的傷害；對失眠所懷的恐懼與焦慮才真的能殺死人。

「第五部
他們是如何克服憂慮的？」

1 突然擊垮我的六個煩惱

企業家　布拉克・伍德

一九四三年夏天，我覺得好像全世界一半的煩惱都壓在我肩上。

我一直過著正常而快樂的生活，身兼丈夫、父親及商人的身分，而現在隨著戰火聲，突然襲來了六個災難。為此，我整晚在床上頻頻翻來覆去未能成眠，甚至害怕見到晨曦，可是，次日我又不得不再度面對它們。

這六個大問題是——

1. 我辦的商業學校由於學生陸續出征而面臨財務上的危機。女孩子也大多數放棄學業而進工廠工作，因其薪水比從學校畢業後所得的還多。

2. 大兒子被徵召入伍，因此我也像所有的父母一樣，每天為兒子的安全擔驚受怕。

3. 奧克拉荷馬市已有一大片土地被徵收為機場用地，而我家的房子正好就在徵收地的中心。而被徵收的土地，只能拿到時價十分之一的錢來做為補償。更嚴重的是，如此一來，我將如何安頓這一家六口呢？

4.由於軍方在住家附近挖掘水道，我們家中的井水都乾涸了。因為已列為被徵收土地，因此挖新井等於浪費五百元。兩個月來，我不得不每天從老遠的河邊挑水來維生。因此十分擔心戰爭打下去……

5.我家離學校十六公里，我一直擔心哪天我福特車的破舊輪胎真的不行了，因為根本沒有新輪胎可以給我用。

6.大女兒預定提早一年畢業。她很想念大學，但家裡又付不起學費，因此我一直十分苦惱。

有一天下午我坐在辦公室思考這堆難題，決定把它們全部寫在紙上。當時我覺得世上再沒有比我背負更多煩惱的人了。我覺得無能為力，重重地跌入絕望的深谷中。後來我把它們一一寫下，並隨手一丟，隨即完全遺忘了這回事。

一年以後，竟在無意間發現了這張紙，仔細閱讀後，發現所有當時的難題，都已隨著時光消逝了——

1.當擔心學校是否非關門不可時，政府為了輔導退役軍人再教育，因此撥給學校補助金，我的學校因此客滿，財務問題立即迎刃而解。

2.大兒子已自軍隊退伍，在身經多次戰役之後，安然歸來。

3.徵收土地建機場的事件也中止了。由於在我農場外兩公里的地點發現了石油而地價。暴漲，因而使政府收購不起。

4.由於土地不必被徵收，便馬上不惜花費地掘了一口深井，因此水源問題也解決了。

5.輪胎的事，由於勤於修檢並小心駕駛，因此它很耐用。

6.女兒的教育費也是白擔心了。因為我奇蹟般地獲得一分兼差工作，使得女兒可以如願以償地上大學。

我很感謝這一個經驗，否則我恐怕還不知道：「杞人憂天」是多麼的愚蠢。現在我已深知：不要去憂慮那些自己能力所無法控制的事情，上帝自會安排一切的。

記住：所謂今天這個日子，是昨天的你所煩惱的明天。

應問自己：「我怎麼能相信我自己所擔心的事必然會發生？」

2 讀歷史快速轉換心情

美國名財政學家 羅加・巴布森

即使是對現在的情況悲觀得不得了，我也能在一個小時內驅逐這些憂慮，使自己一變而為樂觀、開朗的人。

我的方法是走進自己的書房，閉著眼睛抽出一本書，不管那是普列斯考的《墨西哥征服記》，還是史耶特紐斯的《羅馬帝王記》，我便隨意打開，專心閱讀。這書讀得越深入，便越會感到世界總是在苦悶中掙扎，文化常常瀕臨毀滅。史書中的字裡行間，寫盡了戰爭、飢餓、貧窮、疾病、及人類不人道的行為。一小時過去，走出這一段悲慘的歷史，我才發現現在比起從前，猶之天堂與地獄。如此，我便知道世界是朝向太平、安樂邁進的。

讀讀歷史吧！在一萬年的格局下去判斷事情，你會知道一點小小的煩惱，在永恆的眼光下，是顯得多麼微不足道啊！

3 我是如何從自卑感中站起來的

前奧克拉荷馬州參議員　艾瑪・湯瑪斯

十五歲時，我一直為焦慮及嚴重的自卑感而痛苦不堪。一百八十八公分的身高配上五十八公斤的體重，活像根竹竿。而極端虛弱的體質更使我根本無法與同學打球、賽跑。更糟的是，由於嚴重的自卑而變得自閉。我躲開人群，成天縮在原始森林中，幾乎與外界隔絕的自家農場。經常一個禮拜裡看不到家人之外的面孔。

那時我日夜為自己這奇特而虛弱的身體煩得不得了，那種苦悶實在無可言喻。我的母親過去曾是老師，因此很能了解我的心情，於是對我說：「你要切切實實地求學用功。你的體格既然注定這樣，那麼你就要靠自己的頭腦來生活。」

由於父母親無力供我唸大學，因此我知道我必須靠自己去開一條路來。

冬天時便用網子去捕捉黃鼠狼之類的動物，等春天出售毛皮，獲得了四元，再利用這筆錢買了兩頭小豬。到了第二年秋天小豬們長大了，再以四十元售出。我就帶著這些錢前往印第安納州就讀中央師範大學。每週以一元四十分為膳食費，五十分作房租。

我穿著母親為我做的一件褐色襯衫，這是母親為了便於掩飾污漬及破綻而特意選用的顏色，上衣則是父親的舊衣服。不但衣服不合身，連那雙穿舊的半統靴也不合腳。鞋子寬度雖可伸縮，但更大的問題是橡皮由於太舊而裂開伸出外面，每走一步鞋子便像要掉了一般。由於我一直很害怕和其他同學來往，因此老關在自己的房內唸書。當時最大的願望是買件合身的衣服穿在身上，不再感到丟臉就好了。

但由於後來發生了四件事，成為自己克服煩惱及自卑感的轉機。其中之一甚至使我產生了勇氣、希望和自信，而完全改變了我的一生。那就是——

1. 在進入師範學校短短八週後，我就通過了考試，獲得鄉下小學教師的資格了。更棒的是聘期長達六個月。這是到目前為止，除了母親之外，首次為其他人肯定的證明。

2.我參加當地一個「快樂，你好」的教育委員會，以每天兩元或每月四十元聘用我。這又是另一個肯定的證明。

3.在拿了一筆薪水後，我立刻買了一套自己喜歡的衣服。現在即使有人給我一百萬，興奮、激動之情，也絕不會超過當時。

4.我人生真正的轉捩點，也就是首次克服困惑及自卑感的光榮勝利，是在印地安納州貝布利奇市的年度市集中，母親勸我去參加演講比賽。但對我來說，那簡直是天方夜譚。別說在公眾面前了，即使是一對一談話我都會不知所措……

但是，母親對我的期待和信任深深激勵了我。於是我參加了演講大賽。膽敢以我了解不多的「美國的美術和學藝」為題參賽，這些並不構成問題，因為聽眾也不了解。我蒐集了許多美麗辭藻，以樹木、牛羊為對象反覆練習數十遍。我完全只是為了使母親高興。由於我投入了真情發揮自己的見解，結果居然得了第一名。

當時我簡直吃驚得不知如何是好，聽眾之間響起了一片熱烈的掌聲。甚至過去視我為小笨蛋的朋友，也拍拍我的肩膀，說：「艾瑪，我就知道你辦得到！」母親更是擁住我喜極而泣。

現在我回顧過去，那次演講大賽的勝利，正是自己一生中的轉捩點。地方報以頭版報導我的事蹟，大書特書說我的未來是值得期待的等等。因此一夕之間一躍而為名人。這件事給了我堅強的信心。如果我那時未獲獎的話，恐怕現在也不是參議員了。因為由於那時的入選，我的視野才大大拓展，而未為自己所知的潛力才開始得以發揮。更值得感謝的是，由於那次的奪魁，我得到了中央師範學校一學年的獎學金。

我渴望獲得更多的學識，於是此後數年間，我把自己的時間分為教和學兩個部分。為了賺取大學的學費，我一面幹雜役，幫人割草、控制金屬提鍊的高溫熔爐……在夏天也作過耕種及搬運砂石等工作。

一八九六年總統大選時，才十九歲的我，但為了助選而參加了二十八場演說。我忘不了為了布萊恩演說時的那種狂熱，因此決心也投入政界；進入哈佛大學時則修習法律和辯論術。一八九九年我代表學校參加大專校際辯論賽，以「以普選選舉參議員」為論題。另外，又在好幾個辯論大賽中得獎，一九〇〇年獲選為大學年報《海市蜃樓》等的主筆。

獲得學士學位後，我接受建議，不去西部而前往西南部——我到了新天地奧克拉荷馬，當了十三年州議員，經過多年的政治磨練之後，我終於如願以償，在一九二七年五十三歲時進了美國參議院。

以上並不是我在炫耀自己的成功。因為這對他人來說一點意思也沒有。我不過想藉著談論自己——過去曾只是穿著父親舊衣服、套著十分不舒服的破膠鞋的我——希望能喚起一些同樣苦於貧弱與自卑的不幸少年們的自信和勇氣。

附注：這位在青年時代曾經對於衣服不合身而抬不起頭來的參議員，最近——卻被公認為最懂服飾品味的參議員。

4 驅逐憂慮的五個方法

大學教授 威廉・費布斯

編按：作者在耶魯大學教授費布斯去世之前不久，和他暢談了一個下午。下面是當時談話內容的摘要——

在我二十四歲時，忽然感到眼睛不太對勁。只要看書三、四分鐘便感到刺痛難忍。有時即使不讀書也會十分敏感，最後連正視窗子等較明亮的東西也辦不到。

求助過紐約名眼科醫生仍然無濟於事，每當過了下午四點，便只有躲在房中最暗的角落裡等待睡神的降臨，我擔心自己是不是會雙目失明。

就在那時發生了一件奇妙的事，證明了精神力量對於肉體上的痛苦，具有不可思議的影響力。

就在我眼睛狀況最糟的那個悲慘的冬天，我應邀做了一場演講。當時天花板上強列的燈光使我睜不開眼，於是我只有把視線移到地板。就這樣，在三十分鐘的演講裡我一點也不感到眼睛的痛苦，也可以稍稍地直視光線了。但在演講結束之後，我的眼睛又刺痛如昔了。

那時我便想，如果精神力量夠強，不要說三十分鐘，即使是一個禮拜，眼睛都可以恢復正常。這很明顯是精神上的力量戰勝了肉體上的痛苦。

後來我在橫越大西洋時也有同樣的經驗。由於腰痛得十分激烈，使得走路都十分困難。一要站起來，便感到劇痛。

在那種情況下我應邀對乘客發表一場演講。當一開始講時，我身上的痛苦和僵硬感便突然消失了。我挺直腰桿、神采奕奕的在講台上整整講了一個小時。演講結束後，我還輕輕鬆鬆地回到自己的房間。本以為腰痛從此根除了，但那只是暫時性的而已，不久就又舊病復發了。

這些經驗告訴我人類的心理因素是多麼重要，也告訴我盡可能快樂地享受人生是一件多麼必要的事情。因此我每天都以「今天」這個日子當成是開始，也是結束的「唯一的一天」去生活，因此，我熱愛生活中的每個細節，絕不被煩惱所折磨。

我也發現可利用閱讀自己喜歡的書來驅逐心中的煩惱。五十九歲時，我患了慢性的神經衰竭，那時我埋首閱讀大衛・亞雷特・維森的名著《卡萊爾傳》，使得復原大有進展。這是因為藉著讀書來集中精神，便會忘卻憂鬱的緣故。

有時候我會意念消沈到極點，這時我便會拚命去活動自己的身體，每天早上先打網球，然後好好沖個澡，午餐後再打十八洞高爾夫球。星期五晚上，盡情跳舞直到凌晨一點為止。

我是流汗主義的信徒。因為藉著活動出汗，所有的憂鬱、煩惱也都會隨之流逝得乾乾淨淨。

很久以前，我就開始避免使自己在慌慌張張的狀態下工作。我很欣賞韋伯・克洛斯的人生哲學。當他擔任康州州長時，對我說過：

「當我突然碰到一件非做不可的工作時，我都先口含煙斗優閒地坐在椅上，一小時裡什麼也不做。」

我深知耐心和時間能夠幫我們消除憂慮。每當我為了某事煩惱時，我便以寬廣的視野來再度觀照它，然後對自己說：

「兩個月以後，這些煩惱大概也不成其為煩惱了！為什麼不用兩個月以後的情勢來面對現在的煩惱？」

歸納起來，費布斯教授用來驅逐憂慮的五個方法是：

1. 以歡喜和熱情的態度生活。
2. 唸自己喜愛的書，憂慮就不得其門而入了。
3. 運動！讓運動同時排掉你體內的汗水及心理的憂慮。
4. 放鬆心情去工作，避免在緊張的情緒下做事。
5. 用廣闊的視野來觀照自己的煩惱——「兩個月以後，這些煩惱大概就不成其為煩惱了！為什麼不用兩個月以後的情勢來面對現在的煩惱？」

5 昨日已安度，今日又何懼

桃樂絲・迪克斯

我是從貧窮和疾病的深淵中生活過來的，幫我走出深淵的是這樣的信念：「昨日既已安然度過，今日又有什麼好怕的！而明天自有明天的安排，我絕不為它憂慮。」

回顧自己的人生，儘是幻滅的夢想、破碎的希望……等等，幻影殘骸遍地的戰場——我雖遍體鱗傷，但依然鬥志高昂，一點也不為自己的不幸悲傷，也不羨慕那些從未遭到苦難的女子。她們只是單純的存在而已；而我卻是毫不含糊地一步步走過人生的困境，我把「人生」這一杯酒裡的每一滴都酣暢淋漓地品嚐，而她們都只是嚐了嚐浮在表面的那層泡沫罷了。我知道了許多她們所不能了解的事，看過許多她們未曾目睹的東西。能夠擁有廣闊的視野，和全世界的人們成為姊妹的，只有這些用眼淚洗禮過自己的女士們。

我在名為「嚴格的試煉」這所偉大的人生大學中，學會了生活安逸的女性們絕對無法體驗得到的哲學。我學會每一天都真真實實地活著，絕不背負明天的憂慮。使我們膽小的，往往是來自想像中的陰慘的壓迫感，而我驅除了它們。平日一些小小的不稱意，也不會對我們有任何的影響。在親眼看到幸福殿堂崩潰之後，碰到家中佣人做錯了事、廚師煮壞了湯之類的事時，心中完全不以為意。

我也學會了對他人不要有太多的期望，因此不但可免失望之苦，且能與人和平相處。遇到苦難時，更應以幽默的態度面對它。能以自嘲來代替歇斯底里的女性，絕對不會第二次陷入愁煩的苦境中。我對自己所遭遇的困境絕不抱怨，因為經由它們，我才更加了解人生的每一隅，這就是最大的收穫了。

1. 我是生活在「今天」，不是昨天、更不是明天。
2. 我不對他人有太多期待。
3. 學會以幽默的態度來對付苦難。

6 相信自己擁有明天

J・C・貝尼

編按：一九〇二年四月十四日，有一個青年在懷俄明州雄心勃勃地以四百元為資本，開了一間店，希望有朝一日成為百萬富翁。這是一個人口僅有一千人的礦區小鎮，他和妻子住在小閣樓上，以大箱子為餐桌，小箱子為座椅。生意忙的時候，妻子就把孩子放在櫃台下，以便自己幫丈夫照顧生意。現在，他們已成為世界最大布料連鎖店的主人了。J・C・貝尼連鎖店，便是因他而來的。我最近和他一起吃飯，他告訴我他生涯中最戲劇性的一刻。

很久以前，我突然陷入莫名的憂慮和沮喪中，這和事業無關，因為連鎖店的生意好得很；倒是在一九二九年經濟大恐慌前夕，我和很多人一樣，對於並非自己能力所能主宰的經濟局勢抱著悲觀的態度。憂慮使我寢食難安，而終至病倒。

醫生警告我說病況嚴重要我躺在床上好好休養。此後也接受了十分嚴苛的治療，但病情卻不見改善，且日漸衰弱下去，身心瀕臨崩潰邊緣的我頓感人生灰暗，孤獨無依，好像家人、朋友都已背棄我了。

一天晚上，醫生讓我服下安眠藥，但似乎沒有什麼效果，不久就醒了過來。當時突然覺得那是我人生的最後一夜了，於是起身寫信與妻子訣別。上面寫道：「我大概無法看到明天的晨曦了……」

第二天早上醒來時，很驚訝自己居然還活著。我走下樓梯，聽到附近小教堂傳來的歌聲。我到現在還記得那時聽到的「神將照顧你」這首讚美歌。靜靜聆聽神聖的歌聲，心中突然產生了一種奇妙的感覺。我無法說明那種感覺，只能說那是一種奇蹟，我感覺自己好像忽然由黑暗的地窖中，重新被引到溫暖、可愛的陽光下，神向我伸出了慈愛的手！

從那天以後，我便完全由憂慮中解放出來。現在我已七十一歲，但那天早上在教堂所經歷的，卻是我一生中最閃耀、最戲劇性的二十分鐘——「神將照顧你。」

7 我是世上最糊塗的人

《販賣五大原則》作者　帕西・懷汀

由於常常生病，我比任何人更常在生死邊緣徘徊。因為父親是經營藥局的，所以我可以說是在藥房裡長大的。由於每天都和醫生護士們在一起，所以比一般人懂得更多的醫藥及疾病方面的知識。但我所得的並不是一般的憂鬱症——好像每當我對某一疾病多想了一些，就會呈現和真正患者同樣的症狀。

有一次，我們麻薩諸塞州布林頓的地方流行白喉，我家的藥房每天都要售藥給患者。這時，就如我所擔心的一樣，我也呈現白喉的症狀。最後經醫師證實確實得了白喉之後，反而大為安心。因為知道自己是確實患了病，而不是幻想出來的，便再沒什麼好恐懼的了。於是我在病床上翻了個身便安然地呼呼入睡了。第二天早上，我已完全復元了。

好幾年來，我患了各式各樣稀奇古怪的病，也受到了許多人的同情。更曾經因為破傷風及狂犬病而奄奄一息。到了後來，甚至患的是些長期的病了——癌及結核病等等。

我現在是含著微笑對各位說這些事的，但當時的心情可沒這麼輕鬆。由於一直是在生死邊緣徘徊，因此每當春天買新衣時，我都會告訴自己：「誰曉得你是否來得及穿這套衣服，何必白白浪費這筆錢呢！」

幸運的是，最近十年之間，我不再在死亡邊緣徘徊不去了。

怎樣才能脫離死神的掌握呢？每次我生病時，就會自我解嘲地說：「喂！懷汀，二十年來你不斷經歷死神挑戰，贏得了無數次的勝利，現在連這點小病你就不勝煩惱，看看你這蠢蛋有多可笑！」

這麼一來就不會猜疑不定了。所以，現在每當我情緒低潮時，就會用這種自我解嘲的方式來安慰自己。這樣，憂慮就無法侵襲了。

編按：這個故事告訴我們：不要以過分嚴肅的眼光來看所有的事情。試著以自我解嘲的方式去面對憂慮，這樣就不會陷入極度的疑惑與恐懼中。

8我總會確保最後的長城

世界聞名的牛仔歌手　瓊恩

我想一般人的煩惱，大概都是關於金錢及家庭方面。而我很幸運地和與我生活步調一致的姑娘結婚。我們共同為生活目標努力，因此使得我們家庭的紛爭減到了最低程度。

另外採行兩項措施，也使金錢上的困擾降至最低程度。

第一、無論何時都謹守絕對廉潔的原則，借的錢一定完全還清。因此我們和人沒有金錢上的糾紛。

第二、當我開始什麼新計劃時，總會考慮到碰到金錢上的困境時的退路。軍事專家說，在戰爭中沒有比確保最後長城更重要的事了。我認為這個原則也同樣適用於人生的戰場上。年輕時我曾住過德克薩斯和奧克拉荷馬。這些地方每逢大旱便陷入貧匱的深淵中。我們家的生活原本就已夠艱辛了，一旦碰到這樣的非常時期，父親只好帶著馬匹到附近的村莊販賣以維持生計。因此我比任何人都需要安定的工作。所以我決定到車站去工作，並在餘暇學習電信技術。

不久後我被任為舊金山鐵路的預備通訊員，常被派遣出差各地，以補生病或請假的缺。薪水一個月是一百五十元。後來，我又找到了一份更好的工作。但是我考慮到鐵路局工作在經濟上的保障，因此便和該局達成了不論何時都能重返原來工作崗位的協議。這就是我的一道長城。我絕不為爭取一份新的工作，而冒險放棄這最後的一道長城。

再舉個例子。一九二八年當我還在奧克拉荷馬州傑魯西的舊金山鐵路局擔任預備通訊員時，有天晚上有個我並不認識的人來打電報。當他看到我抱著吉他彈唱歌曲時，便建議我：「你音質實在不錯，不妨到紐約去闖闖！」自然，我高興得快要飛上天了，再看看電報上的名字，整個人跳了起來，因為他是威爾・羅傑斯！

但是，我並沒有貿然飛奔紐約。我慎重考慮了九個月，最後決定前往，因為即便白跑一趟，但絕無任何損失——我享有免費乘車權，睡則睡在座位上，因此只要自備一些三明治及水果便行了。

於是，我出發了。到了紐約之後，先租了間一週五元的房間，在自動販賣機前解決三餐，花了兩個半月在市內徘徊找機會，但結果是沒有找到機會。如果我當初沒有預先保留工作的話，恐怕真會煩惱得生出病來！因為我已經在鐵路局工作五年了，因此有優先復職權。但條件是中止不得超過三個月，而我已經花了將近兩個半月在紐約了，因此我急忙趕回奧克拉荷馬鐵路局復職，守住最後的長城。我開始努力工作存錢，然後再次向紐約出發。這一次被我碰上機會了。

我灌了張唱片，但成績不佳——不但歌聲太僵硬，且有點不自然。最後，我聽從了唱片公司的忠告，回到塔爾沙，白天在鐵路局工作，晚上則演唱牛仔歌曲。我十分滿意這種生活方式。也由於確守自己最後的保障，因此沒有什麼後顧之憂。九個月間，我都在塔爾沙的廣播公司演唱。其中一段時間曾和吉米・隆格共同創作了〈白髮的老爹〉一曲。這首歌深受好評，美洲唱片公司總經理亞瑟・薩里要我為他灌一張唱片。

這次終於成功了。從此以後，我便以一曲五十美元的價碼錄了好幾首曲子，最後終於成為芝加哥ＷＬＳ廣播公司專屬的牛仔歌手，薪水是每週四十美元。在那兒我唱了四年，薪水一直升到每週九十元。此外，我也利用晚上在舞台表演，平均每週收入三百元。

一九三四年，無比的幸運降臨到我身上：好來塢的製作人們，企劃製作一部牛仔電影，因此在尋找一位新面孔、新聲音的牛仔。唱片公司的股東——也是該電影公司的投資者之一說：「如果需要能唱歌的牛仔演員的話，在我那兒倒有一個。」經他這麼一說，我便踏入了影界，以週薪一百元主演及主唱。那電影開始拍攝了，雖然能不能成功還是個疑問，但我一點也不煩惱，因為我隨時可以回到過去的工作崗位。

很意外的，電影一推出，竟然十分叫座。現在我獲得十萬美元的年收入及電影淨利的一半。

不會因為成功了，而忘卻了初衷……

1. 和人不要有金錢糾紛。

2. 確保最後的長城。

9 最大的敵人是自己

拳擊手 傑克森・田普賽

在漫長的拳擊生涯中，我體會到我所迎戰的最頑強的敵人是「煩惱」，也領悟到不克服它便會失去力量而和成功完全絕緣的道理。於是，我漸漸找出自己的一套方法，在此向各位說明——

一、是為了維持自己在拳賽中的勇氣，因此在比賽中對自己加油聲援。例如和法波比賽時，我便一直對自己說：「不管發生什麼事，我都不會輸！難道我還會輸給法波那傢伙嗎？就不顧一切地猛打回去吧！」

在長長的拳賽生活中，我的嘴唇曾經被擊裂，肋骨被打斷，甚至被法波打得飛到場外記者的打字機上，而把打字機壓得稀爛。但我都一點也沒感到被法波擊中。我真正感覺到對方攻擊的只有一次。那次我被對手雷斯特・詹森打斷三根肋骨，但我也不覺得對方的拳多有威力，只是感到呼吸困難而已。這就是我唯一真正感覺到被對方攻擊的一次了。

二、是提醒自己憂慮有多愚蠢。我的憂慮大致上都是發生在賽前的訓練時期。那時到了晚上，我在床上翻來覆去，擔心得難以入眠——擔心手也許會裂開、腳說不定會被打斷、擔心第一回合眼睛就被打腫，以致一開始便無法承受對方攻擊……等等。每當陷溺在這種狀態時，我便會離開床去照鏡子並對鏡子裡的自己說：「為尚未發生的事，或是也許根本不會發生的事而擔心，豈不是太愚蠢了！人生是很短的，誰知道還能活多久、那麼為什麼不在活著的時候愉快一點？健康是最重要的。健康地活下去吧！」

於是，我便告訴自己睡眠不足和煩惱是對健康有害的。每天都不斷反覆告訴自己這些，久之便完完全全刻在自己的心版上了，而一切的煩惱也都可以讓它像流水般地一去不返了。

三、最為有效的是祈禱。我隨時與主交談——賽前、賽中每回合的鈴響前……由於祈禱，我才能夠滿懷勇氣和自信去迎戰。到現在為止，我不曾有一天沒有禱告便逕自上床的。在還沒向神感恩之前，也是絕不用餐的。神是否接納我的祈禱？當然！而且祂對我的回報還遠遠超出我所求的。

10 調整自己的心態

卡麥倫・西普

幾年來我在加州華納公司的宣傳部工作得相當愉快。我主要的工作是為華納所屬的明星們撰寫文章，藉以打知名度。

但突然之間，我被升為宣傳部的副理，負責人事改革業務組織，以及管理的重要責任。我感到自己好像肩負起華納公司宣傳方針的全部責任。

我擁有私人的冷氣大辦公室，兩個秘書及七十五位採訪員。我有點飄飄然的感覺，立刻買了新衣服，裝模做樣地擺出派頭對人說話。我制訂了檔案制度，凡事嚴以律己，連中午休息時，也絲毫不肯鬆懈。

不到一個月，我就懷疑是否患了胃潰瘍或甚至是胃癌。工作繁重得很，而感到時間實在少得可憐，這已演變成生死攸關的問題了，我想我並不適合這樣的工作。想來，這是我一生中最痛苦的病痛。我的內臟出現了硬塊、體重銳減、夜裡也無法熟睡。苦痛一直不斷折磨我。於是不得不求助於醫生了——

這位醫生簡單地問了我有關症狀及我的職業等等，似乎對我的病情還沒有對我的職業來得關心。此後半個月，每天他都為我進行檢查。在X光螢幕透視檢查、及其他種種的精密檢查之後，終於，他對我提出診斷的結果——

「西普先生！」他把背靠在椅子上，一面遞給我雪茄說：「這兩週裡，已經試過各種檢查方式了，可以確定的是您並沒有胃潰瘍。但依您的性格，大概不給您證據，您是不會相信的！那麼，就讓我們來看看這些結果吧！」

他說著，便指著一些圖表及X光片為我詳細解釋。從那些東西看來，的確是發現不到任何胃潰瘍的影子。

「但是，」醫師繼續說道：「畢竟您是花了不少費用的。對您而言，只有這一點點結論，或許您是不會滿意的。所以我能送給您的處方，就是『不要焦慮』一句話而已。」

當我起身要辯駁時，卻被他制止了，「我知道，你不會立刻就接受我的處方的。因此，為了使您放心起見，我也給您一些藥。那只是普通的鎮定劑而已，會使神經稍微緩和一些。」

接著，他又說：「但是說真的，您的病實在沒有服藥的必要，您必須做的只是停止憂慮而已，如果再開始有所憂慮，那就非來這裡不可了，只是我又會再向你收取昂貴的診斷費了！」

過了不久，我很想跑去告訴醫師說我已如他所忠告的停止了煩惱。但事實上並沒有這麼簡單。此後數週，只要有使我掛心之事，我仍須要借助鎮定劑，才能鬆弛緊張的神經。

但是自己越想越生氣——我有異乎常人的高大身材，身高不遜於林肯，體重也近九十公斤，這樣的體格，卻非要藉著小小的白色藥丸來安定經神不可！每當朋友問及那是什麼藥時，我實在恥於照實回答。

漸漸地，我開始嘲諷自己：「喂！卡麥倫，做這樣愚蠢的事，你也未免太小題大作了吧！小小的工作都把它想成這般的嚴重！貝蒂・戴維斯、詹姆斯・強尼、愛德華・羅賓遜等人，在你負責他們的宣傳之前，便早已是國際上的熠熠紅星了。即使今晚卡麥倫突然暴斃，華納公司和明星們的一切還不是仍然照樣順利進行，一點兒小困難也不會有。想想艾森豪、馬歇爾及麥克阿瑟，他們指揮大軍作戰，可需要藥丸的照顧？而你吧？不服用那小小的藥丸，便緊張得驚惶失措，那不是很可笑嗎？」

於是，我開始以遠離藥物為榮起來。不久，我便把藥都扔入水溝裡，並養成晚餐前小睡片刻的習慣，就這樣慢慢地恢復了正常的生活方式。此後，我再也沒有去求助那位醫生了。

但我一直都對那醫生深懷感激，也覺得當時所付的昂貴診察費，實在是太值得了。但最令我敬佩的，還在於他並未嘲笑我的愚蠢。他並沒有直截了當地問我：「你是不是有什麼憂慮？」而是讓我自己去揭開自己的底細；他並沒有使我當面下不了台，而是指引我一條遠離憂慮的道路。他深深了解，正如我也已經知道的一般，治癒我的疾病的，並不是那小小的藥丸。而是自己調整心態以後，便走出了那層層的陰霾，重獲健康快樂的人生。

11 焦慮與墳墓

棒球界名人 柯尼・麥克

長達六十三年的職業棒球生涯裡，我歷經無數的挫折。一八八〇年剛剛投身棒壇時，根本沒有薪水好領。我們在空地賽球，有時會被空罐或舊馬具絆倒。比賽一結束，以帽子讓觀眾傳遞打賞的小錢。這樣的有限收入，對於必須扶養母親及弟妹的我而言，根本是不夠的。有時會和隊員們一起以草莓或烤文蛤來裹腹。

回想起來，我真是備嘗艱辛：七年間一直是我擔任經理，一旦比賽成績欠佳，我便吃不下、睡不著。還好，二十五年前我及時停止了憂慮；否則，我一定老早以前便進墳墓了。

回顧漫長的一生（**我是林肯總統時代出生的**），我之所以能征服憂慮，是由於我有一些想法：

1.我領悟到憂慮不但於事無補，甚至會毀掉健康及前途。

2.忙於今日而不追悼昨日。

3.我一再提醒自己，在比賽結束後的二十四小時內絕不討論比賽的得失。早先的經驗告訴我，當球賽完畢時，大家的情緒都很激昂，如果在這個當口指出那個球員有所失誤，他必定激動地為自己辯護而鬧得不歡而散。所以，現在我學乖了，總要等到賽結束後第二天，大家都冷靜下來時，再心平氣和地做番檢討，這樣大家就能夠勇於接受而樂於改進了。

4.對球員們，我以讚美代替責備，盡可能去鼓舞他們的士氣。

5.我發現自己愈疲倦就愈容易焦慮，所以，我讓自己保有充分的睡眠，除了每晚十小時外，再加上中午的休息。

6.我讓自己沈醉於工作裡，只要還不到老得糊塗、四肢遲鈍，我就不會輕言退休。

柯尼・麥克雖然沒有讀過這本書，但他卻為自己創造出解除情緒負擔的完美法則。你不妨也試著列出你自己的一套法則。

12 我追求綠色信號燈

喬瑟夫・柯達

我從小開始到了長大以後，一直是個憂鬱者。我所憂慮的事物，有些是現實中有的，但大部分則是想像出來的。偶爾沒有可憂慮的事情時，我反倒會擔心是不是自己疏忽了什麼該煩惱的事了。

兩年前，我開始了嶄新的生活。那是由於我對自己做了一次「精密且公正的性格診斷」，而使自己了解憂慮的根源，並進而根絕它。

問題是——我根本不想活下去：我突然追悔昨日的過錯；對未來十分恐懼。常聽人說：「所謂今天，是昨天所煩惱的明天。」但對我似乎沒有什麼作用。

有人勸我每天要有計劃，也有人告訴我說，只有今天是我唯一可以擁有的一天，這樣一來就會忙得沒有時間再去煩惱關於過去或未來的種種，那些忠告實在是很理論性，對我而言，實行起來是很困難的。

然而，正如黑暗中的一聲槍響，有一天我突然發現了答案。

一九四五年五月三十一日午後七點，在北威斯頓的鐵路火車站月台上——對我而言，因為是非常重要的一刻，所以記憶深刻。

我們送幾位朋友去搭火車。他們因假期結束，要乘「洛桑傑路斯號」火車回去。那時戰爭仍然持續著。我和太太一起往列車的前方走去。然後站著看了一會兒閃閃發光的火車頭。那時有一個很大的信號映入了我的眼簾，它閃礫著黃色的光輝。不久那個光變成耀眼的綠色。那一瞬間火車司機鳴了電鈴，隨之響起耳熟能詳的話：「請上車！」

不一會兒，列車駛離了站而邁向三千七百公里的旅途。

這時我正在體驗奇蹟——那位火車司機給了我所追求的答案——他是依賴那個信號燈而奔向前程的。想必他是希望一路綠燈。我明白那是不可能的，因那只能是一種期望。但那位司機對於未來將遇上的紅燈並不感到憂慮，因為那頂多造成些許的延遲罷了。因此，他完全依賴那套信號組織——黃色的信號：降低速度慢行；紅色的信號：前方有危險、停止。由此列車的行進是安全的。

我自問道——

難道自己的人生就沒有這麼一套可作為行動依據的信號組織嗎？不，上天已經給了我。上帝的旨意——它永遠不故障。於是，我開始尋找綠色的信號燈。

每天早上我靠著禱告得到了該日的綠色信號燈。有時看見了黃色的信號燈就減低速度；碰到紅色信號燈時，就停下以防發生事故。

發現了這個道理以後，我就不再杞人憂天了。這兩年來，我獲賜了七百次以上的綠色信號。因此在人生的路上，我可以依據信號燈行動，我可以完全仰賴神給我的指示。

13 洛克菲勒延長壽命的秘訣

約翰・洛克菲勒，早在他三十三歲時，已經積蓄了他生平的第一筆百萬美元的財產。四十三歲時便建立了世界最大的獨占企業標準石油公司。但是在五十三歲時，不知怎麼回事竟成了煩惱、憂慮的俘虜。充滿緊張和煩惱的生活，已經嚴重地損害到他的健康了。

當時的他，「簡直像具木乃伊似的！」傳記作者約翰・溫克拉這樣描述他——

五十三歲的洛克菲勒，不幸患上古怪的消化系統毛病，結果不但頭髮脫落，連睫毛都掉得精光，眉毛也稀稀疏疏地僅剩下一點點。溫克拉如此描述：「隨著病情的惡化，他甚至只被允許飲用人奶來維生。」他患的是一種神經性的禿頭症。由於禿得十分嚴重，有一段時間只好利用毛巾來裹住頭部，後來則花了五百美元製作了一頂銀色假髮來戴，一直到去世為止。

洛克菲勒原本體格強健。農家長大的他，肩膀挺直寬厚，走起路更是腳步穩健。但就在三十五歲正當壯年時，卻已經是兩肩下垂，步履艱難了。

「他映在鏡中的臉，簡直和老人沒有兩樣！」另一位傳記作家約翰‧富林這樣描述他。這是由於他「不斷地工作、不斷地勞累、無數的非難和攻擊、熬夜、運動及休息不足」的必然結果。這後果終於使得他也不得不屈服了。身為世界首富；吃得比貧民還不如。當時，他的收入已經超過每週百萬美元了，但一星期的飲食費卻只不過美金兩元。所有的食物便是醫師所許可的少量的發酵乳及兩、三片蘇打餅乾而已。他的皮膚已經失去了光澤，如同皺紙包在枯骨上一般。他之所以還能活下去，完全是靠他捨得花錢來治療罷了！

為什麼會弄到這種地步？原來是由於焦慮、高血壓，以及高度緊張生活所造成的。他一步一步地把自己推向墳墓，二十三歲時，他便已朝著他的目標猛進不已了。認識他的人說：「他只在賺錢的時候才有笑臉。」在賺了一大筆時，他會高興得把帽子往床上一扔，活蹦亂跳起來；但一旦賠了錢，就馬上惱出病來。

有一次，他經由五大湖的水運送出四萬美元的穀物。但他並未投保，因為他認為一百五十美元的保費實在太浪費了。但是當晚，伊利湖狂風大作。洛克菲勒擔心這一趟運程將損失慘重。第二天，他的合夥人喬治・戈德納到辦公室時，洛克菲勒正在房內來來回回地踱著步。「快！快！」洛克菲勒喘著氣：「現在還可不可以投保？可不可以馬上去為我跑一趟？」

戈德納立刻急忙跑去投了保，回到辦公室時卻發現洛克菲勒反而變得比剛才激動。原來，當戈德納去投保時，他收到了貨物毫無損害地安抵目的地的電報。於是，洛克菲勒認為自己白白浪費了一百五十美元，於是為此牢騷不斷。接著他便說他身體不太舒服，回到家後便病倒床上了。其實他當時進行的都是在五十萬美元以上的大交易，而他卻為了這區區一百五十美元的損失，而懊悔到病倒的地步！

雖擁有百萬鉅富，卻要為是否失去它們而日夜不安，在這種情況下，健康又怎能不受損！

洛克菲勒的員工及同事對他也是無時不戰戰兢兢。諷刺的是，洛克菲勒終究是洛克菲勒，他也害怕他們——害怕他們洩漏了商業上的機密給外面的人。他打心底不信任人類這種東西。有一次他和獨立的石油精煉業者打了十年的契約。他要求對方承諾：對契約的事絕對守密，即使對自己的妻子也絕口不提。「閉上嘴、少說話、努力工作。」是他信奉不疑的座右銘。

就在黃金如火山流出的岩漿不斷湧向他的金庫之際，他的王國崩潰了——大眾傳播的輿論齊聲指責標準石油公司的掠奪的作風，而他和鐵路公司的秘密契約，以及對競爭者極端苛酷的手段，也都飽受攻詰。

在賓西法尼亞的油田地帶，沒有比洛克菲勒更遭人憎惡的了。他們當真是恨不得拿繩子來把洛克菲勒吊死哩！憎恨、詛咒、脅迫的信件如雪片般紛紛飛向他的辦公室。為了預防不測，他請了貼身保鏢保護自己。

對他而言，這個新敵人、這個由內部啃噬他的敵人——也就是疾病，是個根本無法理解的東西。開始時，他還一邊隱藏這有時發作的不適，一邊努力工作想藉以忘記它們，但是失眠、消化不良、禿頭……這些顯示憂慮和衰弱的一切症狀，卻是不容他否認的。終於，醫師要他做一抉擇：「是要錢跟煩惱，還是要生命？」並警告他必須在退休或死亡兩者間做一抉擇。他決定退休，但他的健康早已被憂慮、貪慾及恐懼破壞得差不多了。

美國名作家愛妲・塔蓓兒在和他見面之後，吃了一驚：「他的臉孔多麼蒼老！他是我所見過的最蒼老的人。」

老了嗎？絕不！當時他比收回菲律賓時的麥克阿瑟還年輕四、五歲，但是他的肉體已經到了令塔蓓兒同情的地步了。

醫生開始著手拯救他的生命。他們給他訂了三項規則。而洛克菲勒也開始切切實實地在他的餘生盡力嚴格遵守這三條規則：

一、避免憂慮。不論在任何情況下，都絕不煩惱。

二、保持整潔。多做戶外活動。

三、注意飲食。要節制而不過量。

約翰・洛克菲勒遵守了這些規則，停止了對自我的摧殘。他退休了，開始學打高爾夫球、開始從事一些園藝、也開始和鄰居搭訕閒聊，有時也打打撲克牌、或是唱唱歌。

但是，他所努力的並非如此而已，溫克拉說：「洛克菲勒由於白天身體上的痛苦及夜間的失眠，使他知道了反省。」於是，他開始想到一些有關別人的事，也是他有生以來首次思考金錢與人生幸福的關係，而不再只是一個勁地想賺大錢了。

總之，洛克菲勒開始不吝於施與。開始時，並不順利，當他要捐款給教會時，卻引起了全國聖職人員一致拒絕他的「不義之財」的呼籲。但是洛克菲勒仍繼續匯去。當他聽說密西根湖畔一所小小的大學，因周轉不靈而前景堪虞時，他又即時伸出援手，捐出了上百萬美金。這就是如今聞名世界的芝加哥大學誕生的經過。他也對黑人們伸出了友愛之手。為了繼承的喬治・卡佛的事業，他捐款給達斯克基大學等黑人學校。他也致力於鉤蟲的撲滅。當時鉤蟲病的權威傑魯士・W・史泰爾博士表示：「鉤蟲病正在南部各州漫延，如果能分配給他們每人半塊錢的藥物，就可以治療好了。有那一位仁人君子願意為我們提供這筆經費呢？」洛克菲勒於是響應他，捐出數百萬美元的鉅款，終於解除了這個南部各州長久以來最大的苦難。更進一步地，他設立了「洛克菲勒基金會」，向全世界的傳染疾病及無知挑戰。

當我提到這個基金會，也不得不深為感動。因為我的生命也是仰賴它而保全下來的。一九三二年，當我抵達中國時，北平正在流行霍亂，中國農民像蒼蠅般的不斷地死去。就在極端恐怖中，洛克菲勒醫學大學來此實施霍亂預防注射，不分中國人或外國人，都能享有這一項恩惠。到那時我才了解洛克菲勒的鉅大財富，已經如此地廣為世人所共享。

有史以來，尚未有能和洛克菲勒基金會相提並論的團體，它是獨一無二的。洛克菲勒深知有許多深入世界各地的理想主義者所開展的事業，如各種研究、興建學校、撲滅傳染……等等。但是這些公益事業卻常因資金不足而受挫。於是洛克菲勒決心資助這些博愛的開拓者。他並不是併吞他們的事業，而是給予他們資金幫助他們自立。今天，我們真的必須感謝他，由於他在金錢上的資助，才有如盤尼西林等許多有益世人的發現。過去患者的存活率僅五分之四的可怕疾病——脊髓炎——也終能治癒了。關於瘧疾、結核、流行性感冒、白喉等許許多多醫療技術的進步，也都該感謝他的促成。

那麼，洛克菲勒本人變得如何了？是不是藉著奉獻而獲得內心的平靜了？是的。他終於嘗到了滿足感。「如果還認為一九〇〇年以後，他仍然在為對標準石油公司的那些攻詰而心煩憂慮的話，那就大錯特錯了！」亞蘭・奈文斯如是說。

洛克菲勒十分地幸福。他完完全全變了一個人，絕不再煩惱。即使是他一生中最大一次的失敗時刻，他也沒有讓它來妨礙自己的睡眠。

當時他所創設的那家龐大的標準石油公司，被聯邦政府判定抵觸了「獨占禁止法令」而科以史上最重的罰鍰。這是場全國律師菁英都使盡渾身解數的大決戰，訴訟期之長是過去所未有的。但是最後標準石油公司仍是敗訴了。

當法官宣告判決時，被告的辯護律師擔心洛克菲勒一定受不了這次的打擊。因為他們不知洛克菲勒的個性已經完全轉變了。

當晚，其中的一個律師打電話給他。那位律師盡可能平靜地把結果向他報告，最後並且用十分擔心的語氣來安慰他：「請您不要太在意這件事，洛克菲勒先生。希望您能好好休息一下。」

但是洛克菲勒呢？他「哈哈哈」地笑了起來：「擔心是沒有用的，詹森先生。我正打算好好睡他一覺。你才真正的不要太擔心，好好睡吧！」

這就是過去曾為損失了一百五十元，便不甘心得病臥在床者的回答。洛克菲勒由於克服了憂慮，而為他帶來了更旺盛的生機。五十三歲瀕死的他，此後一直快樂地活到了九十八歲。

14 富蘭克林如何克服自己的煩惱

編按：這是富蘭克林寄給約瑟夫·布里斯特利的一封信。他向富蘭克林請教工作上的問題。富蘭克林在回函中告訴他解決問題的方法。

一九七二年九月十九日，倫敦。

對於閣下所詢問的問題，敝人自認為在這一方面的基本知識頗為貧乏，因此無法建議閣下應否接受，但卻可以建議應以何種態度來處理這件事。以下是個人的經驗談。通常會發生這一類令我們棘手的麻煩，主要是由於當我們在衡量該問題時，並不是贊成、反對雙方的理由同時浮現腦中，而是一下子一方，一下子又出現了另一方的理由，以致把原先那一方的念頭給壓了下去的緣故。總之，各種念頭在心中不斷地相互衝突消長，總使得我們深感為難而不知所措了。

對付這個困擾，敝人採用的是把一張紙一分為二，一張寫贊成意見，而另一張則寫反對意見。在斟酌該問題的三、四日間，偶爾掠過的一些念頭，也同樣地把它們列入紙上。然後就這些或正或反的意見加以權衡。如果贊成的一項相當於反對的一項時，這兩項便可同時抵銷；當一項贊成相當於二項反對時，便三者一起劃掉；二項反對和三項贊成判為相當時，則把五項一起捨去。

如此一來，便得到了最後的決算表。在經兩天考慮之後，只要沒有什要重大變化，便可以做最後決定了。那些理由的大小輕重無法用十分明確的數字來加以計算，但至少可以逐個來加以比較，同時因為所有的正反兩方意見都一目瞭然，所以有助於做最妥善的判斷，而減低情急之下草率做出結論的弊端。

事實上，敝人即是藉著這可以稱之為「判斷代數」的方程式，而獲得了極大的益處。

最後，衷心祈祝閣下能做出最佳的決定！

附錄
學會做個智慧女人
——卡內基給女性的箴言

幽默的女人更有人氣

每個女人都應該學會為快樂添加一些幽默的養分，使自己如一縷春風般輕易地吹開他人心底的花朵，讓人感覺眼前的這個女人既充滿了智慧又不失風趣。——卡內基

聰明的人不一定幽默，但幽默的人一定聰明。卡內基說，不懂得開玩笑的女人，是不會生活的，是沒有希望的人。

美國著名作家艾嘉莎・克莉斯蒂同比她小十三歲的考古學家馬克斯・馬

溫洛結婚後，有人問她為什麼要嫁給一個考古學家，她說：「對任何女人來說，考古學家是最好的丈夫。因為妻子越老，他就越愛她。」

這一巧妙的解釋，既體現了克利斯蒂的幽默感，又說明了他們夫妻關係的和諧。

英國思想家培根說過：「善談者必善幽默。」幽默的女人魅力就在於：話不需直說，但卻讓人通過曲折含蓄的表達方式心領神會。

第二次世界大戰結束後，英國女皇伊莉莎白到美國訪問。當記者問她對美國的印象時，女王回答道：「報紙太厚，廁紙太薄。」一句話讓記者們哄堂大笑。但笑過之後，人們開始發現了伊莉莎白語言的意味深長。幽默不僅是女人的說話技巧，更是女人的一種智慧。這種智慧蘊含著一種寬容、諒解以及靈活的人生姿態。

幽默往往是女人有知識、有修養的表現，是一種高雅的風度。大凡善於幽默者，大多也是知識淵博、辯才傑出、思維敏捷的人。她們非常注意有趣的事物，懂得開玩笑的場合，善於因人、因事而開不同的玩笑，令人心情愉悅。

說話幽默的女人，對生活的態度總是積極向上的，對於自身也是充滿力量和自信的。因為只有內心滿懷希望，才能由衷地發出笑聲、彰顯魅力。跟這樣的女人在一起是輕鬆的、快樂的、有情調的。

幽默是一種真正的生活智慧，是經歷了動盪和挫折，依然保持的一種達觀、積極、絕不輕言放棄的人生態度，既不自憐自艾，也不妄自菲薄，現代女性的魅力往往因此而生。一個懂得幽默的女子往往看上去會更加性感，因為這意味著她聰明、善解風情，並且還有勇敢的自嘲精神。

幽默可以使女人在交際場上壓倒別人，還可以緩解沉悶緊張的氣氛，使大家擁有一個快樂、融洽、親切、祥和的氛圍。幽默是上天賜予女人的美麗法寶，不僅能傳遞出她們心理的歡愉，也是她們贈送給世界的一份美好禮物，可以讓身邊所有的人保持愉快心境的同時，也深深折服于女人的美麗智慧。

如果，一個女人很聰明，說明她很有智慧；如果，一個女人吸引別人，說明她很有魅力；而如果一個女人懂得幽默，那麼就說明她很有人氣。而這樣的女人無疑是最有氣質的，她幽默的話語不僅可以讓異性折服，也可以讓同性樂意和自己交往。

卡內基認為，女人可以沒有魔鬼的身材、華麗的裝束，只要她善於用幽默的語感說話，那麼也可以成為眾人中的焦點。

培根曾經說過：「善談者必善幽默。」其實，女性的幽默魅力在於，拐個彎的說話，讓別人通過含蓄的表達來心領神會。善於創造幽默的女性，都會讓女性笑對人生，擁有一份有人氣的氣質，在職場中如魚得水，在生活中左右逢源。

許多人認為幽默是上帝賦予人的先天能力，後天無法獲得。其實，幽默是可以學習的。生活中幽默無處不在，你得睜大眼睛、豎起耳朵，去觀察、去聆聽。當你有足夠的技巧和用創造性的新意去表現你的幽默時，就會發現不但自己置身于幽默世界中，人際關係也由此順暢起來了。

讚美是照在心靈裡的陽光

每個人都會對來自社會或他人得當的讚美感到自尊心和榮譽感上的滿足。每當我們聽到別人對自己的讚賞感到愉悅並受到鼓舞時，不免會對說話者產生親切感，從而使彼此之間的心理距離縮短。——卡內基

讚美之於人心，如陽光之於萬物。在我們的生活中，人人需要讚美，人人喜愛讚美。這絕不是虛榮的表現，而是渴求上進，尋求理解、支持與鼓勵的表現。愛聽讚美，出於人的自尊需要，是一種正常的心理需求。經常聽到真誠的讚美，如同自身的價值獲得了社會的肯定，有助於增強自尊心、自信心。

馬克・吐溫曾說過：「只要一句讚美的話，我就可以充實地活上兩個月。」喜歡被他人讚美是人的天性之一。

如果我們每次見面都被人誇讚，自然而然地會想再見到這位讚美我們的人，這是任何人都會有的心理。因此，每次見面都找出對方的一個優點來讚美，可以很快地拉近彼此間的距離。

法國總統戴高樂於一九六〇年訪問美國時，在一次尼克森為他舉行的宴會上，尼克森夫人費了很大的勁佈置了一個美觀的鮮花展臺——在一張馬蹄形的桌子中央，鮮豔奪目的熱帶鮮花襯托著一個精緻的噴泉。

精明的戴高樂將軍一眼就看出這是女主人為了歡迎他而精心設計製作的，不禁脫口稱讚道：「女主人為舉行一次正式宴會一定花費了很多時間來進行這麼漂亮、雅致的計畫和佈置。」尼克森夫人聽了，十分高興。

事後，尼克森夫人也誇讚戴高樂說：「大多數來訪的大人物要麼不加注意，要麼不屑為此向女主人道謝，而他總是想到和講到別人。」

在以後的歲月中，不論兩國之間發生什麼事，尼克森夫人始終對戴高樂將軍保持著非常好的印象。

可見，一句簡單的讚美的話，會帶來多麼美好的事情。

卡內基不止一次地說過：讚美他人是一種良好的修養和明智的行為。讚美是人際交往中最便宜的「投資」，投入少、回報大，是一種非常符合經濟原則的行為方式。讚美領導，會讓領導更加賞識與重用你；讚美同事，能夠聯絡感情，使彼此愉快地合作；讚美下屬，能使得下屬更積極地工作；讚美商業夥伴，能贏得更多的合作機會；讚美男友或丈夫，能使兩人更加甜蜜；讚美朋友，能贏得崇高的友誼。

人人皆有可讚美之處，只不過每個人的長處有大有小、有多有少、有隱有顯罷了。只要你細心，就能隨時發現別人身上的亮點。

人人都有愛聽好話的心理，即使明知道別人說的是奉承話，心裡也免不了會沾沾自喜，這是人性的弱點。一個人聽到別人對自己的讚美後，一定不會感到厭惡，除非對方說得太離譜了。讚美的魅力是無窮的，但是，最有效的讚美是在背後讚美他人。

背後讚美他人要比當面恭維他人效果好。你完全不用擔心你所讚美的人會聽不到你的讚美，相反，你對對方的讚美，很容易就會傳到對方的耳朵裡，對方也會因此對你產生好感。

背後讚美他人不會讓你沾上奉承的色彩，你的這種讚美是發自內心的，是誠懇的，會更容易讓人相信和接受。

讚美必須是發自內心的，如果只是為了討好對方或出於某種動機而對他人說些好聽的話，那麼你將不會得到好的效果，甚至會引起對方的反感。

讚美必須實事求是。比如對漂亮的女孩，可以稱讚她美麗；對於不漂亮的女孩，可以稱讚她優雅大方；如果一個女孩既不漂亮又缺少氣質，可以稱讚她可愛；如果一個女孩並不可愛，則可以稱讚她聰明伶俐……

歸根結底，讚美藝術的根源在於：人們喜歡讚美他們的人；人們不喜歡反對他們的人。

另外，要懂得欣賞周圍的人和物，即讚美之前首先要瞭解對方的優點，否則，讚美就會變得僵硬、不真實。

從今以後，請積極地讚美別人吧！大膽地把你的大拇指伸出來讚美別人。只要你懂得並善於運用讚美的藝術，你就會成為一個受歡迎的人。

傾聽是對他人最好的尊重

上帝賜給人類左耳，是為了讓人們欣賞世間各種美妙動聽的聲音；而上帝賜予人類右耳，是為了讓人們聆聽別人的心聲，更好地與人交流。——卡內基

在西方有這樣一句流行的諺語：上帝給我們兩隻耳朵，卻只給了一張嘴巴，其用意是要我們少說多聽。

我們知道，人們往往對自己的事更感興趣，對自己的問題更在乎，更喜歡自我表現。一旦有人專心傾聽我們談論自己，我們就會感到自己被重視、被尊重、被理解。聽話者的態度會直接影響說話者的興趣。假如你是一個說話者，而你的交流者沒耐心聽你講話，或者把你的話當耳邊風、隨便敷衍，你會感覺良好嗎？相反，如果對方相當重視你的談話，你肯定更容易和對方交流。

卡內基說：「做個聽眾往往比做一個演講者更重要。專心聽他人講話，是我們給予他的最大尊重、呵護和讚美。」每個人都認為自己的聲音是最重要的、最動聽的，並且每個人都有迫不及待地表達自己的願望。在這種情況下，友善的傾聽者自然成為最受歡迎的人。

世上許多人之所以不能給人留下良好的印象，正是因為他們不能耐心地做一個很好的聽眾。所以，如果要別人喜歡你，原則是：首先做個好聽眾。

卡內基說：「傾聽是對他人最好的恭維，是一種尊重、一份理解，是心與心的交流，是情感與情感的互動。」學會傾聽，你才能將自己打造成為人生的智者。在人與人的交往中，每個人都希望別人能傾聽自己說話，這是人的一種心理訴求。如果一個人在交際中一直以自我為中心，滔滔不絕地談論自己，就會讓人感到乏味和厭倦。

傾聽是一種修養，是一項技巧，是一門溝通的藝術。在生活中，做個聽眾往往比做一個演講者更重要。專心傾聽一個人講話是給予他的最大尊重、呵護和讚美。每個渴望事業有成的女性朋友都應該學會傾聽。因此，各位女性朋友們，請讓自己浮躁的心靜一靜，去耐心傾聽別人的心聲，並讓傾聽成為你化解問題、結交朋友的最有效武器吧。

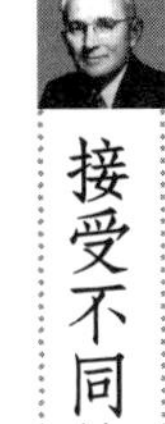

接受不同的觀點

為了爭論而爭論，本身就失去了爭論的意義，而且浪費了彼此的時間，甚至因此失去了一個值得交的朋友。——卡內基

人與人交往，每個人都有說話的權利，每個人也都有發表意見的權利。對於那些不聰明的女人來說，當別人的觀點與她的觀點不同時，她們總試圖證明自己的觀點是正確的，想盡辦法讓別人認同自己的觀點，這時，就會不可避免地發生爭論。其實，有些爭論完全是可以避免的，與別人發生無謂的爭論，不僅傷害彼此之間的感情，而且也會破壞自己的形象。

女人在與朋友交往的過程中，由於存在好勝心理，有時即使理虧也要與朋友爭辯。然而，每個人都渴望被他人認可、被承認，如果你常常在與朋友相處的時候與其爭論，時間久了就會被認為是乏味無趣的人，令別人心裡反感。

當你意識到自己的想法和意見與人不同時，當你的言行遭人非議時，你的第一反應大概就是奮起辯駁，結果使得雙方心生芥蒂，不歡而散。

的確，與別人爭論不休並不是一件好事情，因為這並不能給我們帶來任何利益。富蘭克林就說過這樣一句話：「如果你辯論、爭強、反對，或許你有時候會獲得勝利，但是這種勝利是非常空洞的，更重要的是你還會失去對方的好感。」這句話能給女性朋友們很多啟示：短暫的、口頭的、表演式的勝利並沒有多大意義，只有那些能夠長期獲得對方好感的行為才是明智的。

尊重對方的意見

尊重他人的意見不僅是一種態度、一種能力，更是一種美德。女人需要擺脫高傲、自私的態度，多設身處地為他人著想、給別人留面子，時刻維護他人的尊嚴。這樣才能與人進行良好的溝通，進而受到大家的喜愛。——卡內基

羅斯福曾經對公眾說過這樣的一句話：「如果我的判斷有百分之七十五是正確的，那麼我的行事便會到達更高的期望。」女性朋友們，這樣一個偉人都承認自己在判斷上最高只有百分之七十五的正確率，那你我又當如何呢？

貝蒂是一名服裝設計師，她會將自己設計好的草圖賣給服裝公司或者生產商。

三年前，她認識了一位知名的服裝公司老闆，於是每週都登門拜訪對方，希望對方能購買自己的設計圖。這位服裝公司老闆從來沒有拒絕過貝蒂，但是每次看完草圖，他都會說：「真對不起，貝蒂，你設計的產品不是我需要的。」

「到底什麼樣的設計才是他需要的呢？」

在經歷過一百五十次失敗之後，這個問題對貝蒂來說尤為重要。貝蒂覺得自己應該換一種做法，她冥思苦想了好久，終於想到了一個好辦法。

那天，她帶著幾張沒有完成的設計草圖去見那位服裝公司的老闆。見面時，貝蒂說：「我請你幫我個小忙，我這裡有幾張沒有完成的草圖，您能不能幫我把它完成，以便更符合你們的要求。」

服裝公司老闆接過設計草圖看了一眼，然後對貝蒂說：「你先把這些草圖留在這兒，過些天再來找我。」

三天後，貝蒂把那些設計草圖帶回工作室，按照老闆的意見把它們重新修改。當她再拿著這些設計圖見老闆的時候，老闆很痛快地全部買了下來。

後來，貝蒂一直用這個方法推銷自己的設計草圖，這些草圖大都被買下來。現在，她已經成為一位知名的服裝設計師，並且有了自己的服裝公司。

有人問她成功的秘訣，她是這樣回答的：「成功的秘訣很簡單，就是理解和尊重他人的意見。我之前一心想把我的產品推銷給服裝公司老闆是不對的。當我讓他參與設計，讓他自己成為設計人，他就會買下自己最滿意的東西了。」

看完上面的故事，你是否已經體會理解和尊重的重要性呢？沒錯，當我們對別人的意見表示理解和尊重時，首先，別人會認為我們是有禮貌的；其次，他會更容易聽取我們的建議；最後，為彼此進一步交往打下良好的基礎。

如果你總是過於直率地指出別人的錯誤，那麼再好的意見也不會被人接受，甚至自己也會受到很大的傷害。因為你不但剝奪了別人的自尊，也讓自己成為最不受歡迎的人。如果你要使人信服，那麼就得記住：永遠要對別人的意見表示尊重。

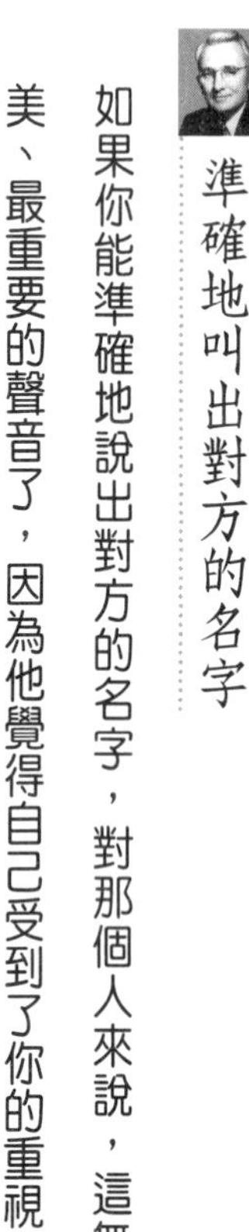

準確地叫出對方的名字

如果你能準確地說出對方的名字，對那個人來說，這無疑是語言中最甜美、最重要的聲音了，因為他覺得自己受到了你的重視。而這也是你在人際交往中受歡迎的一種表現。——卡內基

人們有個普遍的心理，就是特別在意自己的姓名，希望別人都能尊重自己的姓名，如果有誰把自己的姓名弄錯了或者拿自己的姓名開玩笑，心裡就會特別窩火，甚至心懷不滿。另外，人們還有一種傾向，都渴望自己名揚後世，永垂不朽，也就是人們常說的「雁過留聲，人過留名」。

克萊斯勒汽車公司為羅斯福製造了一輛特別汽車，張伯倫和一位機械師將此車送交至白宮。張伯倫在他的一篇回憶文章裡這樣記述：「我教羅斯福總統如何駕駛一輛裝有許多特別裝置的汽車，而他教我許多關於處理人的藝術。」

印象。

當張伯倫到白宮訪問時，羅斯福總統直呼他的名字，給張伯倫留下深刻印象。

當羅斯福的許多朋友對這輛車表示出羨慕時，他當著他們的面說：「張伯倫先生，這是一件傑出的工程！感謝你你設計這車所費的時間和精力。」

張伯倫帶了一位機械師到白宮去，並把他介紹給羅斯福。這位機械師是個怕羞的人，躲在後面，而羅斯福聽到他的名字也只有一次。但總統在離開他們前，找到這位機械師，與他握手，叫出了他的名字，並謝謝他到華盛頓來。

回到紐約數天之後，張伯倫接到羅斯福親筆簽名的照片，並附有簡短的致謝信，還對張伯倫給他的幫忙表示感謝。總統的舉動令張伯倫感到驚奇無比！

羅斯福知道一種最簡單、最明顯、最重要的獲得好感的辦法，那就是記住他人的姓名，使他人感覺重要——但有多少人這樣做呢？

很多時候，我們被介紹給一位陌生人，談幾分鐘，在臨別的時候，連那人姓什麼都不記得。

姓名是一個人的記號，代表著一個人的一切，榮與辱，成與敗，高貴與卑賤，對於一個人來說，姓名在所有語言中最突出。記住對方的姓名，用最動聽的聲音，清清楚楚地把它叫出來，等於給對方一個很巧妙的讚美。而若是把他的姓名忘了，或寫錯了，就會處於非常不利的地位。

記住對方姓名的手段在事業與交際上的重要性，和在政治上差不多同等重要。

安德魯•卡內基被稱為鋼鐵大王，他小時候，就表現出領導的天才。當他十歲時，發現人們對自己的姓名看得驚人的重要。他利用這項發現，去贏得了別人的合作。

孩提時代，有一次他抓到一隻母兔，發現了一整窩的小兔，但他沒有東西餵牠們。他想了一個很妙的辦法。對附近的孩子們說，如果他們找到足夠的苜蓿和蒲公英餵飽那些小兔，他就以他們的名字來替那些兔命名。這個方法果然奏效。

幾年後，他在商界也利用這個辦法賺了好幾百萬。

卡內基控制的中央交通公司正在跟普爾門所控制的那家公司爭生意，雙方都拼命想得到聯合太平洋鐵路公司的生意，你爭我奪，大殺其價，以致毫無利潤可言。

卡內基和普爾門到紐約去見聯合太平洋的董事會。有一天晚上，他們在飯店碰頭了，卡內基說：「晚安，普爾門先生，我們豈不是在出自己的洋相嗎？」

「你這句話怎麼講？」普爾門想知道。

於是卡內基把他心中的話說出來——把他們兩家公司合併起來。他把合作而不互相競爭的好處說得天花亂墜。普爾門注意地傾聽著，但是他並沒有完全接受。最後他問：「這個新公司要叫什麼呢？」卡內基立即說：「普爾門皇宮臥車公司。」

普爾門的目光一亮。「到我的房間來，」他說，「我們來討論一番。」這次討論改寫了一頁工業史。

卡內基這種用他人姓名為企業命名的做法，是他成為商界領袖的一大秘訣。

要學會給人留臺階

面子是自己掙的，也是別人給的。我們在給自己掙面子的時候，也要學會給別人留點面子。每個人都難免因一時糊塗做一些不適當、錯誤的事，遇到這種情況，一定要儘量避免觸及對方所避諱的敏感區，避免使對方當眾出醜。——卡內基

人們常說：「面子換面子，善用面子好辦事。你可以贏得一場戰爭，但未必能贏得真正的和平。也許你早已忘記傷害過誰，但是被你傷害的人卻永遠不會忘記你。」其實，給別人留個臺階，不傷人的面子，不僅是給別人留面子，也是給自己留面子。

卡內基曾經說過：「給人鋪個臺階下，最能顯示出一個女人的良好修養。」只有大氣的女人，才會懂得體諒別人，寬容別人。

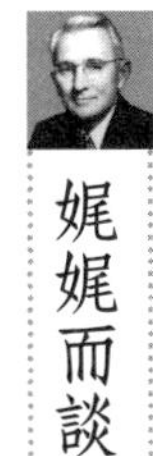

娓娓而談，把話說到心窩裡

說話是一門藝術，對於女性來說，更是一種生活的手段，想增加自己的魅力指數就要擁有錦心繡口。——卡內基

有時候，短短的一句話就可以觸及人的內心深處，讓人歡喜讓人憂愁。一個有魅力的女人懂得把話說到心窩裡，當你可以娓娓而談，字字珠璣，令周圍人因為你的話語愉悅時，就已經獲得了無窮的魅力。

話說得恰當，就是指能把話說到別人心裡。沒有人會喜歡一個談話只講自己而不關心別人需求的人。人們總是喜歡和那些與自己有共同話題、能夠迎合自己興趣的人交往。所以，聰明的女人肯定是一個會說話的人，她能做到不說自己想說的話，要說別人想聽的話。也正因為如此，會說話的女人說出來的話總是能讓人高興地接受，聽著心裡也舒坦。

卡內基說，會說話的人說得人「笑」，不會說話的人說得人「跳」。事實上也是如此，一個會說話的女人總是討人喜歡的，同樣的話，在她們嘴裡，就像是一顆甜絲絲的糖果，而在那些不會說話的女人嘴裡就是一把傷人的刀。

要成為一個會說話的女人並不難，以下幾點是卡內基提醒大家必須要注意的。

不說粗話。一些新新女性喜歡效仿男性，有些男性喜歡講粗話的特點，也被她們一併轉接了過來，於是在女性中出現了大量牙尖嘴利的粗口一族。而一個嫵媚的女人講出粗話來，就像一條天鵝絨的晚禮服上被酒鬼吐上了嘔吐物一樣。身為女性，千萬要遠離這類話語。

不要過分自誇。誰會喜歡一個誇誇其談的女人呢？常常誇耀自我的女人是找不到真正的朋友的，並且言語過度的話，也會遭到輕視。

一般來說，人們總是對自己所經歷的事情感興趣，對和自己無關的事不會太關心，因此在與別人交談時，儘量少談自己，不要喋喋不休地誇耀自己的工作、生活、孩子等，除非雙方都感興趣，否則還是談點兒別的話題為佳。女人們要知道，別人口中的讚美才是你真正的價值所在，想靠自己的誇誇其談來讓別人對自己另眼相看是不可能的。

與對方分享一點無關緊要的秘密

一個女人，即便是你已經取得了一定的成功，如果總是舉止大方、說話得體，顯得滴水不漏，會給人一種神聖不可侵犯的感覺，那麼，很多人會對你敬而遠之。——卡內基

生活中，有些女人總能討人喜歡，進而做起事來也是暢通、順利的，而有些女人卻總能令人生厭，做起事來時常遇堵、碰壁。其實，在前者身上存在一種魔力，它像磁鐵一樣，無形之中在周圍產生巨大的磁場，吸引人們不由自主地向她靠近，並樂於與其交往，而這種魔力就是我們所謂的親和力。只有這樣的女人才讓人覺得平易近人、受人愛戴。

然而，如何體現你的親和力呢？一個心思縝密、做事嚴謹、緊閉心扉的人，總會給人一種錯覺，覺得你是個城府很深、有心機、不可捉摸與親近的人。這樣的人就一定不具有親和力了。相反，如果你能適度地把自己心裡那些無關緊要的小秘密拿來和朋友分享，這樣自然就會贏得對方的好感，讓人更相信你，也更喜歡接近你。

因此，我們要想拉近與別人的距離，不妨和對方說一些無關緊要的小心事、小秘密。這樣，對方會認為他是你最值得信任的朋友，在與你相處的時候，就多了一些自然和親和。

然而，你一定要注意一點，不把自己的秘密全盤告訴對方是為人處世的潛規則。這不是說讓你不去信任人，只是人際關係本來就很複雜，你要想確保萬一，就要多留個心眼，凡事做到適度。

千萬不要因為心理的焦慮，而把一些不該說的心事都抖摟出來，這樣在人際當中起不了調和作用，還讓人以為你不自重，甚至覺得你只是亂髮牢騷，更糟糕的是，有可能在某種情況下讓你陷入尷尬境地，這就好比是親手為自己埋下一顆炸藥。在任何情況下，都要「逢人只說三分話，未可全拋一片心」。

與人分享自己的心事或秘密，本是為人際交往中注入一份有利雙方和諧相處的潤滑劑。因此，我們一定要把握好分寸，否則，潤滑不成，弄得滿身是油可就不妥了。

女人的語言魅力源於真誠

女人講話如果缺乏真摯的感情，開出的也只能是無果之花，雖然能欺騙別人的耳朵，卻不能欺騙別人的心。——卡內基

女人只有用一顆真誠的心與人交往，才能換來彼此的心靈相通，驅除人為的隔膜，坦誠以待。真誠是一筆寶貴的財富，擁有這筆財富的女人將是這個世界上活得最自在的人，同樣，女人的語言魅力源於真誠。

從前第一夫人蜜雪兒的談吐之間可以看出她是一個個性健康的明亮女人，因為不論在任何場合她都真摯到誠懇，從不矯情、造作。比如歐巴馬競選總統期間，她形容丈夫在華盛頓的住所是一間「可以吃比薩餅」的小公寓，每次她去看歐巴馬，都得一起去住賓館。

記者問她：「那以後住在白宮呢？」她坦然而眉飛色舞地感嘆：「白宮真的是太美了，是那種讓人產生敬畏的激情的美。在那裡走一圈之後，感覺能住在那裡真是一種上天的賜予，一種榮耀。」

一般選民會覺得，希拉蕊離自己很遠，給人疏遠感，也讓選民厭倦。而歐巴馬給人感覺是那麼真實而親近，這與他太太的感性影響與渲染有關，她是第一個爆料自己丈夫不會整理床鋪的第一夫人，這些小細節為歐巴馬平添幾分人情味。

蜜雪兒基本不談政策綱領，而是打人性牌，大談歐巴馬睡覺鼾聲大、早上起床時口臭，令女兒不敢接近等趣事。即使夫妻一起上電視做節目，也是可以談笑風生，彼此打趣，不時自然而然地顯露出很淳樸、單純的一面，總之，盡顯「不裝」的率真一面。

最重要的是，他與夫人一樣沒有故意掩飾自己，或故作神秘狀。記者問：「獲勝後，太太說了什麼？」

歐巴馬幽默地說：「她說那你明早上還送女兒上學去嗎？」

第一夫人聽後大笑：「我可沒這麼說啊！」

夫婦倆眼神裡交流的是真摯的感情，默契而生動。這樣簡單真摯的語言，其實是最能打動人心的。

人與人交談，貴在真誠。有詩雲：「功成理定何神速，速在推心置人腹。」只要你與人交流時能捧出一顆懇切至誠的心，一顆火熱滾燙的心，怎能不讓人感動？怎能不動人心弦？白居易曾說過：「動人心者莫先乎於情。」熾熱真誠的情感能使「快者掀髯，憤者扼腕，悲者掩泣，羨者色飛」。

說話不是敲擊鑼鼓，而是敲擊人們的「心鈴」，「心鈴」是最精密的樂器。成功的女人總是能用真摯的情感、竭誠的態度擊響人們的「心鈴」，並刺激之、感化之、振奮之、激勵之、慰藉之。對真善美，熱情謳歌；對假惡醜，無情鞭撻。讓喜怒哀樂，溢於言表；使黑白貶褒，涇渭分明。用自己的心弦去彈撥他人之心弦，用自己的靈魂去感染他人的靈魂，使聽者聞其言，知其聲，見其心。

由此可見，真誠的語言，不論對說者還是對聽者來說，都至關重要。說話的魅力，不在於說得多麼流暢，多麼滔滔不絕，而在於是否善於表達真誠。最能贏得人心的女人，不見得一定是口若懸河的女人，而是善於表達自己真誠情感的女人。

【經典新版】卡內基認識你的敵人——憂慮

作者：戴爾・卡內基
發行人：陳曉林
出版所：風雲時代出版股份有限公司
地址：10576台北市民生東路五段178號7樓之3
電話：(02) 2756-0949
傳真：(02) 2765-3799
執行主編：朱墨菲
美術設計：吳宗潔
行銷企劃：林安莉
業務總監：張瑋鳳

初版日期：2020年4月
版權授權：翁天培
ISBN：978-986-352-807-4

風雲書網：http://www.eastbooks.com.tw
官方部落格：http://eastbooks.pixnet.net/blog
Facebook：http://www.facebook.com/h7560949
E-mail：h7560949@ms15.hinet.net
劃撥帳號：12043291
戶名：風雲時代出版股份有限公司

風雲發行所：33373桃園市龜山區公西村2鄰復興街304巷96號
電話：(03) 318-1378
傳真：(03) 318-1378
法律顧問：永然法律事務所 李永然律師
北辰著作權事務所 蕭雄淋律師

行政院新聞局局版台業字第3595號 營利事業統一編號22759935

定價：270元

國家圖書館出版品預行編目資料

【經典新版】卡內基認識你的敵人-憂慮 / 卡內基著. -- 初版. -- 臺北市：風雲時代，2020.03；
面；　公分

ISBN 978-986-352-807-4(平裝)

1.憂慮 2.情緒管理 3.生活指導

176.527　　109000676